Entre ciel et terre

Écrire l'Afrique

Collection dirigée par Denis Pryen

Romans, récits, témoignages littéraires et sociologiques, cette collection reflète les multiples aspects du quotidien des Africains.

Dernières parutions

Kasoum HAMANI, *Niamey cour commune*, 2014.
Roger KAFFO FOKOU, *Les cendres du temps*, 2014.
Pierre FREHA, *Chez les Sénégaulois*, 2014.
Patrick BRETON, *Cotonou, chien et loup*, 2014.
Cikuru BATUMIKE, *L'homme qui courait devant sa culpabilité, et autres nouvelles*, 2014.
Mahmoud Bensaïd BAH, *Les défis de la démocratie en Guinée*, 2014.
Georges ROUARD, *Nuit noire à Dôko*, 2014.
O. TITY FAYE, *La chute de la Révolution. Les derniers complots. La tourmente, livre III*, 2014.
O. TITY FAYE, *Prêt pour la Révolution ? De l'emprise du parti unique à la marque du fouet rouge : la révolte. La tourmente, livre II*, 2014.
O. TITY FAYE, *Selon la Révolution ! La randonnée de l'étudiant guinéen sous la Révolution. La tourmente, livre I*, 2014.
Karamoko KOUROUMA, *Poste 5 ou l'incroyable aventure de Togba*, 2014.
Bakonko Maramany CISSÉ, *Émigrer à tout prix. L'Amérique, l'Europe ou la mort*, 2014.
Bakonko Maramany CISSÉ, *Tombe interdite. Histoire de l'enfant prodige*, 2014.
Abdoulaye MAMANI, Le *puits sans fond,* 2014.
Pino CRIVELLARO, *Burundi mon amour,* 2014.
EL HADJI DIAGOLA, *Un président fou*, 2014.
J.D PENEL, *Idriss Alaoma, Le Caïman noir du Tchad*, 2014.
Koffi Célestin YAO, *Le bateau est plein, je débarque*, 2013.
Kapashika DIKUYI, *Une étrange famille congolaise et son odyssée*, 2013.

Simon Diasolua

Entre ciel et terre

Confidences d'un pilote de ligne congolais

MISE EN PAGES : JEAN-CORNELIS NLANDU – ZELLIK-BELGIQUE

5-7, rue de l'École-Polytechnique ; 75005 Paris

http://www.librairieharmattan.com
diffusion.harmattan@wanadoo.fr
harmattan1@wanadoo.fr

ISBN : 978-2-343-02824-8
EAN : 9782343028248

« Tu peux avoir dix diplômes d'université, mais si tu n'as pas la sagesse, tu n'es rien. »

Merci, cher papa, de ce précieux conseil qui ne m'a jamais quitté tout au long de ma vie, et que j'ai légué à tes petits-enfants. Sache-le où que tu sois.

À Fukisa Selipa, mère pieuse et aimée de nous tous. Continue de veiller sur tous tes enfants de là où tu es ;

À toi, Marie-José, qui as toujours été là ;

À mes sœurs et frères que j'aime tant ;

À Jean-Pierre Kimbulu, Jean-Pierre Delorme, Françoise et Xavier Coppieters ainsi que Léon Kikunda, mes amis fidèles ;

À mes collègues navigants – civils et militaires – qui ont bâti jadis la fierté de l'aviation congolaise.

L'auteur

PRÉFACE

Cet écrit de Simon Diasolua est d'un style assez particulier. Il débute bien par présenter le personnage, comme beaucoup de romanciers ont l'habitude de le faire, et il termine par une conclusion. Le souci de l'auteur est de produire un livre des souvenirs.

Beaucoup de détails comme il aime animer la conversation dans la vie courante. C'est même un chant d'action de grâce pour une carrière passée au service de la patrie.

Finalement, le livre devient captivant d'un bout à l'autre ; car, à chaque épisode, il suscite l'intérêt.

Il débute donc par le récit d'un drame qui a failli lui coûter la vie. Puis, on y découvre tellement de choses : le pouvoir qu'il a servi consciencieusement avec patriotisme comme tant de cadres congolais de sa génération, sa profession de pilote, ce qu'aurait pu être et rester le Congo/Zaïre si on avait tenu le cap d'une gestion dans la discipline.

Il transmet ce message à travers quelques pages consacrées à l'histoire d'une compagnie nationale qui aurait pu se maintenir et se développer, si la bonne gestion avait été préservée et surtout si le pouvoir avait respecté son autonomie et sa survie.

Diasolua connaît l'aviation et les avions ; il en parle en technicien, avec amour. Il sait quelque chose de la zaïrianisation, des guerres du Shaba, un peu du fameux massacre des étudiants du campus universitaire de Lubumbashi dans lequel des esprits malveillants ont cru devoir le mouiller, des accidents d'avion comme celui de Type K à l'aéroport de Kinshasa Ndolo.

Si nombre de ceux qui ont vécu la même époque fournissaient l'effort de raconter ce passé de trente ans de régime Mobutu, les jeunes générations seraient édifiées et éviteraient de commettre les mêmes erreurs.

Tel m'a paru être le but de ce livre. Simon n'a rien arrangé ; il n'a rien embelli comme pour se donner un certificat de virginité. Il est resté le reflet des cadres issus de grandes écoles du monde développé. Mobilisés pour le service civique à la sortie de leur formation et au retour dans leur pays, ils ont apporté au jeune État congolais et à la nouvelle nation congolaise leur savoir et leur zèle.

Il y a donc lieu d'encourager une telle initiative ; car, je sens pour ma part que d'autres souvenirs viendront dans la mémoire de ce rescapé, qui rêve encore de naviguer au-dessus de nos têtes.

Célestin Nguya-Ndila Malengana
Directeur adjoint du Bureau
du Président Mobutu

AVANT-PROPOS

Pendant la colonisation du Congo Belge, aujourd'hui République démocratique du Congo, les Congolais ont subi un lavage de cerveau d'une telle ampleur que la plupart d'entre eux étaient convaincus d'être inférieurs aux Blancs, au point de perdre leur identité d'hommes libres. La petite minorité d'entre eux qui essayaient de vivre comme les Européens se voyaient gratifier en prime de l'appellation d'évolués.

Mais il y avait des astreintes : il y avait la ville, réservée aux seuls Blancs et, à coté, la cité indigène. Ceux des Congolais qui avaient la chance de travailler en ville devraient la quitter à partir d'une certaine heure.

Il y avait des écoles pour les Blancs dans les villes, et d'autres pour les Noirs dans les cités indigènes. Il y avait des hôpitaux pour les Blancs, interdits aux Noirs, et, dans chaque ville, un hôpital pour les indigènes, officiellement baptisé du nom flatteur d'« hôpital général ».

Quant à la formation scolaire, les Noirs ne pouvaient aller au de-là du cycle inférieur des humanités, qu'on dénommait « école moyenne ». Mais les choses ont commencé à changer vers 1954.

Du point de vue du travail, les Noirs étaient limités aux fonctions de sténodactylographe, d'infirmier ou d'assistant médical. Pour le reste, certains métiers étaient interdits aux Noirs, notamment ceux de professeur, de médecin, de pilote d'avion, de commissaire de police, d'inspecteur ou de juge. Bref, ils étaient des sujets belges de droit congolais.

Le système pouvait s'assimiler à l'apartheid, à l'instar de l'Afrique du Sud, même si le terme était soigneusement évité concernant le Congo Belge.

Par ailleurs, c'est tout simplement pour satisfaire les attentes de nombreuses personnes que j'ai attendu plus de quinze années après mon grave accident de voiture en 1996, pour pouvoir partager ce que je sais au sujet de mon pays la République Démocratique du Congo, de ses dirigeants, des guerres qui ont endeuillé sa population, de la zaïrianisation, etc.

Mais plus encore, il fallait que je m'attarde sur mon apprentissage, si difficile, du métier de pilote de ligne, surtout quand on fait partie des premiers pilotes congolais cinq ans seulement après l'indépendance, et des premiers pilotes noirs tout court, sur les préjugés de la part des certains compatriotes qui voyaient plutôt en nous des magiciens ainsi que sur la compagnie Air Congo, actuellement L.A.C. (Lignes aériennes congolaises).

En effet, nombreux sont les Congolais et les Européens qui m'ont parfois reproché de ne pas avoir partagé mon expérience professionnelle et, surtout, sur mes rencontres avec certains grands de ce monde, tels que Mobutu, le Roi Baudouin et la Reine Fabiola, Sa Sainteté le Pape Jean-Paul II, Mohamed Ali, Bourguiba de Tunisie, Diallo Telly ou Boutros Boutros Gali.

Un sage a dit : « Science sans conscience n'est que ruine de l'âme ». Ainsi, de toute ma carrière professionnelle, j'ai eu à faire deux choix : Si j'acceptais un travail, c'était pour l'exécuter avec conscience afin d'éviter l'échec et, si j'en refusais un, c'est parce qu'il n'était pas conforme à la règlementation en la matière.

Il s'agit là de mon vécu quotidien en tant que pilote de ligne, sans pour autant me préoccuper de conter cette riche expérience de manière totalement linéaire. Seul l'intérêt des Congolais, mais aussi des amis du Congo ainsi que de toutes les personnes friandes d'aventures souvent inédites d'un individu, constamment perché entre ciel et terre, constitue le guideline de ce passionnant récit.

Peut également compter parmi les clés de lecture le train train quotidien d'une nouvelle compagnie aérienne, en pleine Afrique à peine décolonisée, avec un personnel navigant venu de divers horizons et de différents niveaux d'instruction.

Ces personnes-là qui ont contribué à asseoir l'excellence ayant marqué la mise sur orbite de la Compagnie aérienne Air Congo, dont elle ne s'est jamais départie depuis, nonobstant les changements successifs de dénominations, dus aux différents pouvoirs en place à Kinshasa.

Le récit ne s'encombre d'aucun souci d'anonymat, n'étant en aucun cas politique. Néanmoins, la distance temporelle depuis mon accident, il y a de cela 17 années, aura naturellement contribué à l'évaporation de certains souvenirs, spécialement ceux ayant trait à de noms de personnalités. Le récit se contentera alors de sobriquets et parfois d'initiales ou de simples prénoms. Veuillez donc m'en excuser. L'essentiel ayant consisté à offrir un récit non seulement intéressant et complet, mais aussi lisible et traçable.

Pour ce qui concerne la partie clé, l'ouvrage a opté pour un récit subdivisé en autant de sous-chapitres afin de respecter la chronologie des faits tels que le renseigne mon carnet de bord. Ainsi, une série d'événements mémorables vécus, entre ciel et terre, par un témoin privilégié de la construction de ce jeune Etat qu'est le Congo serait également une autre manière de consulter cette narration.

ENTRE CIEL ET TERRE

1. Hôpital Brugmann de Bruxelles

J'ouvre les yeux et je me retrouve dans un grand espace compartimenté par des rideaux. Y sont allongés des malades qui doivent leur survie aux appareils sophistiqués auxquels ils sont reliés.

Je constate à ce moment-là que je suis dans la salle de réveil d'un hôpital, entouré des miens, qui semblent ne pas m'avoir quitté des yeux depuis un certain temps, vu la gravité de la situation

Par l'intensité de la douleur ressentie, je me rends compte que je venais de subir une grave intervention chirurgicale quelques heures auparavant.

Je me souviens alors vaguement du pénible voyage effectué, trois jours plus tôt, de Kinshasa à Bruxelles, à bord du B-747-300 de la Sabena, assisté du docteur Tumba, médecin à la clinique Ngaliema de la Gombe à Kinshasa, et de ma moitié, Marie-José Kabedi.

Au cours de ce voyage, un plâtre enroulé autour de ma jambe droite reliait le genou à la hanche, suite à la rupture de la cotyle. Je souffrais énormément, surtout à cause des effets de la pressurisation.

Une terrible blessure et un énorme hématome sur mon front ont complètement changé mon aspect. J'étais méconnaissable. Les yeux fermés, j'entendais les commentaires de certains passagers au sujet de mon terrible accident de voiture, survenu le 14 avril 1996 vers 20h30 sur la route By Pass, dans la capitale congolaise.

Je me posais des questions sur mes chances réelles de guérison et surtout sur l'avenir des miens, au cas où le pire survenait. Quel genre de pensées ne peut-on pas, en effet, mijoter dans de pareilles infortunes ?

De l'aéroport de Bruxelles National, l'ambulance, qui attendait au bas de la passerelle, m'a conduit directement à l'hôpital Brugmann où j'ai subi les premiers examens, suivis du scanner pour évaluer les dégâts. J'avais perdu l'usage de la jambe droite, ce qui est dramatique pour un pilote d'avion.

Je me disais que si je ne pouvais plus marcher normalement, ma carrière serait compromise et que je risquais de devenir un handicapé. Cette perspective me paraissait inacceptable.

Au fait, comment suis-je devenu ce pilote de ligne, de l'une des plus prestigieuses compagnies aériennes d'Afrique, dénommée Air Congo (Air Zaïre), et qui a marqué l'histoire du Congo-Zaïre ? Les propos qui suivent constituent des pistes de réponse à cette interrogation.

2. Ma jeunesse

Je suis né le 14 novembre 1942 à Léopoldville, actuellement Kinshasa. Ma mère s'appelait Fukisa Sélipa et mon père Samuel Mukudi Mena Kuntuala. Étant de la tribu Manianga du district du Bas-Fleuve, j'appartiens, selon la coutume, à la lignée matriarcale, c'est-à-dire à la famille de ma mère.

C'est dans ce cadre qu'à ma naissance, quatrième d'une famille de huit enfants (trois filles et cinq garçons), mon oncle maternel Philippe Tuluenga, qui était le chef de la famille, décida de me donner le nom de *Diasolua*, qui signifie « l'élu, le choisi ».

Mon père, qui n'avait pratiquement pas effectué d'études, a débuté sa carrière comme simple domestique chez un Blanc. Il l'a terminée, à l'âge de soixante ans, en qualité de pointeur à la société de chemin de fer OTRACO (Office des Transports du Congo).

Ma mère, femme au foyer, aidait également mon père à arrondir ses fins du mois, en vendant des beignets. Comme la plupart des Congolais de l'époque, nous vivions convenablement.

A ma naissance, mes parents habitaient le camp OTRACO (site réservé aux travailleurs) près de Pont Cabu, juste après l'aéroport de Ndolo. Ayant bénéficié d'un crédit, mon père a fait construire une maison sur le terrain acquis, rue Mahenge n° 34, dans la commune de Barumbu, non loin de l'Eglise catholique Saint-Paul.

Mais en 1953, il y eut les terribles inondations qui ont ravagé Barumbu, lesquelles ont contraint les autorités coloniales belges d'octroyer à mon père un nouveau terrain sur l'avenue Essandja n° 30, dans la même commune, à près de 500 mètres de l'aéroport de Ndolo.

C'est de cet aéroport que j'ai acquis la passion de l'aviation, qui ne m'a plus quitté et grâce à laquelle je puis aujourd'hui rendre ce témoignage professionnel qui a marqué à jamais ma vie.

En 1954, alors que j'étais en sixième année primaire au Collège Sainte-Anne de Léopoldville, aujourd'hui Kinshasa, j'avais comme directeur d'école le Révérend Père Détienne et comme instituteur M. Basile Mabusa. Un jour, nous avons reçu la visite des inspecteurs belges venus de Bruxelles, qui nous ont distribué des bouts de papier sur lesquels était mentionnée la question suivante :

- Quel métier souhaitez-vous exercer après vos études secondaires ?

Sans hésiter, j'ai répondu : « Pilote d'avion ». La réaction des inspecteurs ne s'est pas fait attendre :

- Ce n'est pas un métier pour les Congolais, ont-ils rétorqué.

Je leur ai répété que je serai pilote d'avion, quoi qu'il arrive. Cela a provoqué l'hilarité générale.

A la fin de l'année scolaire, j'étais premier de ma classe. Le Père Détienne m'a inscrit au collège Sainte-Marie où il venait d'être promu directeur et où j'ai pu non seulement débuter les Humanités scientifiques, mais également l'apprentissage du néerlandais.

Il convient de noter qu'à cette époque, les revendications flamandes en matière linguistique en Belgique ont eu pour effet l'obligation de l'apprentissage du néerlandais par les Congolais, dont les études, jusque-là et encore aujourd'hui, se déroulaient exclusivement en français.

J'habitais, avec mes parents, près de l'aéroport de Ndolo, aujourd'hui en plein cœur de la ville. Un de mes oncles y travaillait comme douanier. Ainsi, je pouvais jouer au pilote dans les avions en réparation pendant mes congés et jours fériés. Les Blancs comme les Noirs qui y travaillaient me connaissaient et me laissaient faire. A l'époque, la sécurité aérienne n'était pas aussi rigoureuse qu'elle l'est maintenant.

J'ai tellement joué au pilote que cela était devenu une véritable passion. Je ne me voyais pas faire autre chose que voler comme un oiseau. J'y croyais fermement. Mais, comment devenir le pilote que je souhaitais être, avec un père noir et pauvre de surcroît ?

De 1956 à 1958, j'ai poursuivi normalement mes études sous la supervision du Père Détienne, qui m'aimait comme un fils. Mais vers la fin de 1958, alors que j'allais à pied, de Ndolo à l'école Sainte-Marie, à près de 8 km, je suis tombé sur une manifestation politique dont les organisateurs étaient pourchassés par la police. Celle-ci m'embarqua malgré moi et je me suis retrouvé à la prison de Ndolo en qualité de prévenu politique, alors même que j'étais mineur d'âge.

Deux semaines plus tard, pendant que j'assistais à la messe du dimanche à la prison et au moment où le prêtre se retourna pour réciter le *Dominus vobis cum,* nos regards se croisèrent et j'ai reconnu Père Détienne ! Sa surprise était également si grande qu'il ne put terminer sa phrase.

En effet, jusqu'à ce mémorable dimanche, Père Détienne n'avait cessé de me rechercher. A l'issue de la messe, il me fit venir au bureau du directeur de la prison et, sans mot dire, me flanqua une de ces gifles, qui résonne encore dans mes oreilles aujourd'hui.

Une semaine plus tard, et contre toute attente, une voix raisonna :

- Prévenu Diasolua, couverture, assiette. Ce qui signifiait « liberté ». Et cela, grâce à l'intervention du Père Détienne.

Le Congo vivait alors ses premières périodes troubles. En effet, le 4 janvier 1959, l'on a dénombré plusieurs morts à Léopoldville après l'interdiction, par les autorités belges, d'un rassemblement que devait organiser au Centre sportif YMCA le parti politique ABAKO (Alliance des Bakongo), présidé par M. Joseph Kasa-Vubu, celui-là même qui deviendra, à l'indépendance du Congo Belge, le 30 juin 1960, le premier chef d'Etat congolais.

A cette époque, on n'entendait que le mot *Indépendance* de la bouche des Congolais. Pour calmer les esprits, les autorités belges ont initié quelques réformes timides, mais trop tardivement.

Si, en 1958, il y eut l'exposé d'une politique à mettre en œuvre pour l'avenir du Congo, après cette année-là, la Belgique a voulu construire un État autonome de régime démocratique. C'est aussi l'époque où j'ai quitté Sainte-Marie pour l'Athénée de Kalina. Une année plus tard, j'ai postulé à la compagnie aérienne Air Congo, qui venait d'être nouvellement créée et qui recrutait des candidats pilotes. Ceux qui seraient retenus bénéficieraient non seulement d'une bourse d'études, mais aussi devraient parfaire leur formation en Belgique. L'annonce avait été publiée dans un journal local de l'époque, dont voici le fac-similé :

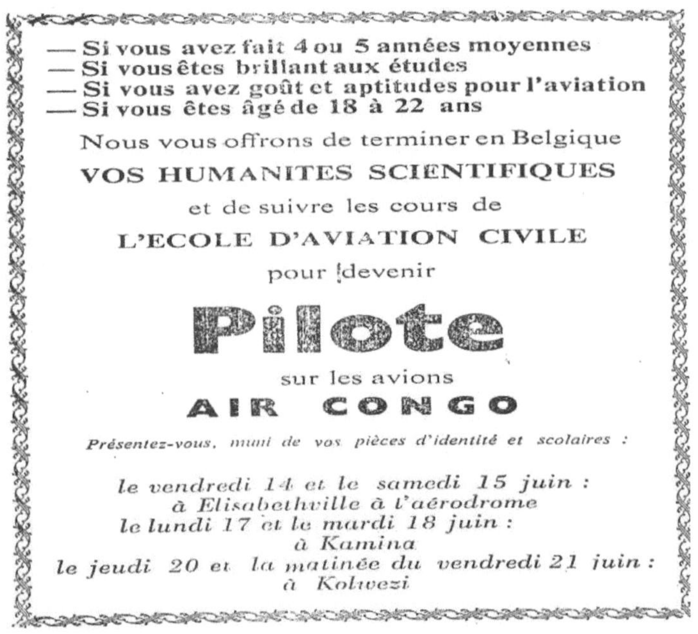
— Si vous avez fait 4 ou 5 années moyennes
— Si vous êtes brillant aux études
— Si vous avez goût et aptitudes pour l'aviation
— Si vous êtes âgé de 18 à 22 ans

Nous vous offrons de terminer en Belgique

VOS HUMANITES SCIENTIFIQUES

et de suivre les cours de

L'ECOLE D'AVIATION CIVILE

pour devenir

Pilote

sur les avions

AIR CONGO

Présentez-vous, muni de vos pièces d'identité et scolaires :

le vendredi 14 et le samedi 15 juin :
à Elisabethville à l'aérodrome
le lundi 17 et le mardi 18 juin :
à Kamina
le jeudi 20 et la matinée du vendredi 21 juin :
à Kolwezi

Sans souffler mot à mes parents, je passai interview, concours et visite médicale. Sur quatre-vingt candidats, je fus l'un des vingt retenus avec, pour obligation, de parachever ma dernière année d'humanités en Belgique.

A deux semaines du départ, j'informai mes parents de mon projet. Grande fut ma déception en entendant les miens dire qu'il n'était absolument pas question pour moi d'embrasser ce métier, qu'ils considéraient comme dangereux.

Mes parents se sont opposés becs et ongles à mon voyage car ils avaient peur de me perdre. Heureusement, mon oncle Biandudi a convaincu mon père de ma détermination d'embrasser ce métier de Blancs.

J'ai donc quitté l'aéroport international de Ndjili, qui était inauguré deux ans auparavant, avec la plus longue piste civile du monde, soit 4 750 mètres sur 60 mètres de largeur, à destination de Bruxelles par l'un des premiers B-707 de la Sabena. Je vois encore ma mère en pleurs, lorsque les puissants réacteurs de « cet oiseau de malheur » avaient commencé à vrombir, émettant un bruit étourdissant.

Après huit heures de vol, je débarquai à l'aéroport de Bruxelles par un matin du mois de septembre 1961. Après m'être équipé en prévision de l'hiver, je pris la route à destination de Neufchâteau, dans les Ardennes belges.

C'est au cours de ce séjour ardennais que je ferai la connaissance des frères Stenackers, Franz et Philippe, à l'Athénée de Neufchâteau. L'un deviendra steward à la Sabena et l'autre pilote de ligne.

J'ai débuté mon stage comme pilote de planeur à Saint-Hubert où j'ai décroché le brevet B. Je me suis lié d'amitié avec le pilote qui remorquait les planeurs, connu sous le sobriquet de Zouzou. Je le retrouverai plus tard, au Congo, dans le domaine de l'aviation cargo. J'y ai aussi fait la connaissance de celui qui deviendra mon parrain de baptême. Il s'agit de Jean-Pierre Delorme, futur commandant de bord à la Sabena.

En 1962, je gagnai Liège pour une année spéciale Math Physique, prélude à mon entrée à l'E.A.C. (Ecole d'aviation civile). J'en ai profité pour me faire baptiser dans la foi catholique.

Après Liège, je me retrouvai à Bruxelles comme élève pilote. Des vingt Congolais qui avaient été envoyés en formation en 1961, nous n'étions plus que huit. J'ai eu comme instructeurs pilotes, sur Tiger Moth, M. Jean Debruyn, ancien de la R.A.F. (Royal Air Force) durant la deuxième guerre mondiale, ainsi que M. Pirotte, sur CESSNA 310.

Le deuxième groupe des candidats pilotes congolais, fort d'une dizaine de personnes, a été incorporé à l'Ecole des Cadets, suite à un arrangement spécial entre les autorités congolaises et la hiérarchie militaire belge. Ce groupe nous a rejoints à l'Ecole d'aviation civile, alors que nous étions presqu'au stade terminal.

A la fin de notre formation, nous n'étions plus que deux, Idelphonse Ilunga et moi, à obtenir la licence de pilote professionnel avec une qualification de vol aux instruments et au vol de nuit. A cette occasion, une réception fut organisée au dernier étage du Martini Center (Place Rogier, à Bruxelles), en présence des autorités de l'OCDE et du Marché Commun, deux organisations qui ont contribué financièrement à notre formation, ainsi que des représentants de l'Aéronautique belge, d'Air Congo et de la Sabena. A l'époque, rappelle-t-on, le président d'Air Congo était automatiquement vice-président de la Sabena.

Le 14 octobre 1965, l'EAC a organisé un vol Bruxelles-Genève-Nice-Bruxelles avec Ilunga et moi aux commandes du CESSNA 310. Les représentants de l'OCDE et du Marché commun étaient à bord. Il s'agissait là de leur prouver que leur argent avait bien servi à notre réussite.

Nous avons effectué notre dernier vol en tant qu'élèves pilotes à bord du CESSNA 310, le 1er février 1966, devenant ainsi les deux premiers pilotes civils de l'histoire de la République démocratique du Congo, avec 350 heures de vol environ à l'actif de chacun.

3. Retour au Congo

Le 1er mars 1966, alors âgé de moins de 24 ans, je signai, au bureau d'Air Congo à Bruxelles, un contrat à durée indéterminée avec cette compagnie aérienne nationale congolaise. Je quittai ensuite la Belgique en vue de rejoindre mon point d'attache au Congo.

A mon arrivée à Kinshasa, je me suis rendu compte que ce pays traversait une grave crise institutionnelle. Le lieutenant général Joseph-Désiré Mobutu avait pris le pouvoir quatre mois plus tôt, alors que l'Armée congolaise se battait pour enrayer la rébellion muleliste pro-communiste, bénéficiant de l'appui de mercenaires conduits par le Belge Jean Schramme et le Français Bob Denard.

En effet, en juillet 1964, à la chute du gouvernement Adoula, le Président Kasa-Vubu nomma en qualité de Premier ministre, M. Moïse Tshombe Kapend, qui venait de rentrer d'exil en Espagne.

A l'avènement du gouvernement Tshombe, les trois quarts du pays étaient sous le contrôle des rebelles mulelistes qui avaient créé et proclamé unilatéralement, en septembre 1964, la République populaire du Congo, dont la capitale se situait à Stanleyville (Kisangani) et disposant d'une Armée populaire de Libération.

Il faudra attendre le mois suivant pour voir les parachutistes belges sauter sur Stanleyville et Paulis, grâce à l'appui logistique de la Force aérienne américaine, dans le but d'aider les unités de l'Armée nationale congolaise à reconquérir les centres urbains passés aux mains des rebelles.

Dès mon arrivée à Kinshasa, je fus muté à Elisabethville (Lubumbashi) que je rejoignis le lendemain. On m'affecta sur le réseau petit porteur, sous l'autorité d'un certain commandant

Laurent, de nationalité belge, visiblement pro-nazi et raciste. Je m'en suis rapidement rendu compte par les remarques dont il nous accabla dès le premier contact. Alors que nous nous présentions devant lui, il asséna d'un air moqueur :

- Alors, c'est vous les premiers pilotes congolais ? Sachez que pour moi, un Nègre c'est bon pour la musique et rien d'autre.

- Vous avez raison, lui ai-je ironiquement répondu.

L'affronter ne servait absolument à rien, car il est préférable de reculer pour mieux sauter. Ne dit-on pas que « la langue est un tout petit membre du corps mais capable d'embraser une forêt » ?

Le commandant Laurent se montrait infernal aussi bien avec les Congolais qu'avec ses collègues expatriés, Belges et Français pour la plupart. Je me rappelle de certains d'entre eux tels Guérillot, Pinardon, Hislaire Acroute et Bastin.

Il était odieux à un point tel que, lors de son arrestation par l'autorité militaire d'Élisabethville en 1967 et au moment où l'on annonçait la nouvelle à son épouse, la réaction de sa propre fille avait été :

- Chouette, maman ! Pourvu qu'on l'y garde.

Un jour, alors que j'effectuais un vol de lâchage sous la supervision du commandant Laurent à Kamupini (élevage de bovins), à 700 km de notre base et géré par M. Demaegt, il ne s'est pas gêné de déclarer que nous portions des drôles de chaussures. Il ajouta :

- On dirait Franco le musicien. Que voulez-vous que j'en fasse ?

Ceci se déroulait alors que nous étions à table. Notre hôte a rétorqué :

- Je crois vraiment que tu exagères.

Quelques mois après l'incident, le commandant Laurent était refoulé du Congo pour cause de racisme. Je ne l'ai plus revu. Après son expulsion, les autorités provinciales du Katanga découvrirent chez lui de la musique nazie. Ce qui confirmait ses penchants rétrogrades.

Notre séjour à Elisabethville a duré près de deux ans, pendant lesquels nous nous sommes liés d'amitié avec des collègues de la Force aérienne congolaise, qui venaient d'être brevetés pilotes militaires en Italie. Certains d'entre eux sont morts en mission de combat, notamment les lieutenants Ipoma et Mbaki, fauchés à la fleur de l'âge alors qu'ils défendaient leur pays.

Je me souviens aussi des lieutenants Ngoy, Zinga et surtout Kikunda, qui deviendra général quatre étoiles et chef d'état-major de la Force aérienne congolaise. Ce grand pilote possédait une mémoire d'éléphant, qu'il cumulait avec des qualités professionnelles exceptionnelles. Il sera par ailleurs, à deux reprises, PDG de la Régie des Voies aériennes (RVA) et une fois PDG d'Air Zaïre.

Nous étions si proches que j'étais un des rares à pouvoir le tutoyer même en public. Quand il devait larguer les parachutistes de la 31e brigade, basés au camp CETA situé en face des installations aéroportuaires de Ndjili, il venait me chercher à mon bureau de l'aéroport et me laissait piloter le C-130 H pendant des heures. Nous avions aussi effectué plusieurs voyages en Hercule à l'intérieur du pays. Bien que doté d'un caractère difficile, le général Kikunda avait un grand cœur. Ainsi, je ne l'ai jamais vu larguer un ami.

A Elisabethville, nous avions acquis une certaine expérience des vols en Afrique centrale sous une météo souvent capricieuse, grâce à la débrouillardise et à l'amitié de nos collègues expatriés.

Pour la plupart des Congolais, nous étions considérés – Ilunga et moi – comme des « extraterrestres » ou des « super sorciers qui volaient comme des Blancs ».

Partout où nous allions, les gens se mobilisaient pour nous admirer, s'entretenir avec nous et, parfois, nous toucher. Bref, nous étions devenus des célébrités. Mais nous étions conscients d'une vérité essentielle : la notoriété est un couteau à double tranchant. Aussi, il nous fallait garder à tout prix la tête froide.

Paradoxalement, les passagers blancs nous faisaient confiance alors que la plupart de nos compatriotes voyaient en nous la concrétisation de la sorcellerie car, étaient-ils convaincus, nous ne pouvions nous acquitter de cette tâche sans une aide occulte.

C'est dans ce climat que nous avons fait la connaissance du Président Mobutu en 1966 à Albertville (Kalemie), à l'est du Congo, où il était en tournée.

Après l'atterrissage, le chef de l'Etat, qui se trouvait à l'aéroport pour se rendre à Bukavu et Goma, nous envoya chercher. Il nous exprima sa fierté de rencontrer les premiers pilotes civils congolais, avant de nous proposer de l'accompagner dans sa tournée.

Après l'avoir remercié, nous l'avons prévenu du fait que nous étions commis à un vol spécifique et que rien n'était prévu pour un vol de longue durée, mais surtout que la direction des opérations à Elisabethville n'était pas au courant de ce brusque changement de cap. Peine perdue. Le Président nous ordonna de le suivre et demanda que des habits et les nécessaires de toilette soient mis à notre disposition à Bukavu. Il a ensuite demandé au ministre des Affaires étrangères Justin-Marie Bomboko et à deux de ses collaborateurs de prendre place à bord de l'avion. C'est avec un fort accent mongo, une langue de la province de l'Équateur, que M. Bomboko déclina l'offre en ces termes :

- Président, je suis désolé, mais je refuse d'être le cobaye des pilotes congolais. Je n'ai pas envie de mourir maintenant.

Il s'en est suivi un éclat de rire général. Sont alors intervenus Me Gérard Kamanda et M. Jacques Bongoma, alors conseillers du Président Mobutu, qui ont réussi à calmer les esprits, avant de se proposer volontaires pour monter dans l'avion.

Le Président Mobutu voyageait à bord d'un aéronef de type AZTEC, piloté par M. Jean Delbecq, un ancien de la Force aérienne belge, lequel deviendra plus tard pilote à Air Congo.

Après avoir reçu le feu vert de notre base, nous décollions pour Bukavu, à l'est du Congo, par l'aéroport de Kamembe, situé de l'autre coté de la frontière, au Rwanda. A Bukavu, nous avons été équipés de la tête aux pieds et avons reçu un peu d'argent de poche. Après Goma et Stanleyville, le Président nous libéra.

Il convient de noter que la construction du petit aéroport de Kamembe a été entièrement financée par le Congo. Le Rwanda était alors sous protectorat belge. Vu l'environnement hostile de cette région, il n'était pas facile d'aménager une grande piste. Le terrain était juste suffisant pour les petits porteurs jusqu'au DC-3.

Après l'indépendance et grâce aux bonnes relations qu'entretenaient le Président Mobutu et son homologue rwandais Juvénal Habyarimana, l'aéroport fut cédé au Rwanda tandis que la RDC se dota d'un autre tout neuf, construit sur son propre territoire. Il s'agit de l'aéroport de Kavumu, à Bukavu.

De notre séjour à Elisabethville, j'ai gardé le souvenir de M. Demaegt et de son élevage de 40 000 têtes de bétail près du plateau de Kundelungu, du Docteur Mori avec 30 000 têtes de bovins à la localité de Pepa, des familles Benathar, Hasson, Antipass et Forrest, qui n'avaient plus d'expatriés que leurs passeports. Ils étaient devenus de vrais Congolais, c'est-à-dire totalement intégrés.

Au moment de rédiger ces lignes, il convient de signaler que Yo, le fils de M. Demaegt, est propriétaire d'une compagnie aérienne privée, alors que Georges Forrest, lui, a investi dans l'industrie et diverses affaires, principalement au Katanga mais aussi ailleurs au Congo et en Europe.

4. Deuxième affaire des mercenaires

Au Congo, il y a eu des mercenaires au service du Katanga en sécession, comme d'autres qui ont combattu pour le compte du gouvernement contre la rébellion muleliste en août 1964. C'est un certain colonel belge, M. Vanderwalle, qui en coordonnait le recrutement depuis l'Europe (Allemagne, Portugal, Belgique, France, Espagne) et l'Afrique (Afrique du Sud et Rhodésie du Sud).

En 1964, le général Mobutu explique au sujet de la présence de militaires belges et américains opérant près de Bukavu en liaison avec l'ANC (Armée nationale congolaise) qu'ils servaient de conseillers chargés d'initier les Congolais au maniement du matériel américain mis en leur disposition. En conséquence, ils n'étaient pas des mercenaires à la solde du commandant de l'armée congolaise. L'idée de regrouper les mercenaires avec les anciens gendarmes katangais pour soutenir le Haut commandement militaire n'est survenue qu'avec la désignation de Moïse Tshombe au poste de Premier ministre.

Pour la protection, l'emploi et l'entretien des C-130, cinquante parachutistes et six membres de la Force aérienne américaine avaient été affectés au Congo à la mi-août 1964.

La C.I.A. (Central Intelligence Agency) avait aussi recruté des mercenaires américains pour le compte du gouvernement central (Opération aéroportée sur Stanleyville), avec mission de libérer les Blancs pris en otage par les rebelles et couper la rébellion de ses bases d'approvisionnement (Soudan, Ouganda et Tanzanie).

Par ailleurs, le nombre de partisans de Tshombe en provenance de l'Angola et de l'Afrique du Sud fut considérable. Ils atteignirent près de 600 unités de nationalités étrangères, mais au mois de mars 1965, les effectifs totalisaient 790 personnes.

Cependant, lorsque le Président Kasa-Vubu révoque Tshombe, le problème du maintien des mercenaires se posa, spécialement à la Conférence des chefs d'État de l'OUA à Accra, au Ghana, où le Congo était représenté par le Président Kasa-Vubu, accompagné de son ministre des Affaires étrangères Cléophas Kamitatu.

Sans nul doute, certains officiers mercenaires avaient mal apprécié toute tentative visant à précipiter leur départ. Ceci constitua une des raisons qui avaient provoqué l'éclatement d'une mutinerie d'anciens gendarmes katangais encadrés par des mercenaires en juillet 1966 à l'aérodrome de Stanleyville.

Après la sécession du Katanga, le noyau des gendarmes katangais, au service de Tshombe et repliés en Angola, comptait parmi ses responsables Jean Schramme (Force terrestre), Bob Denard (Équipements) et Yann Puron (Aviation).

Les Cubains et les Américains, recrutés par la CIA, étaient des aviateurs destinés aux chasseurs T-28 et aux bombardiers B-25 mis à la disposition du Congo. La plupart de ces Cubains, anti-castristes, et quelques Américains sont restés au service de la compagnie nationale Air Congo jusqu'à leur retraite.

Quelques mois après ma première rencontre avec le Président éclata la deuxième affaire des mercenaires, qui se rebellèrent contre leur chef Mobutu. Quelques uns détournèrent un avion DC-3 d'Air Congo au départ de Stanleyville sur la Rhodésie, l'actuel Zimbabwe, pour évacuer leurs blessés, tandis que d'autres s'emparèrent de la ville de Bukavu, qu'ils évacuèrent ensuite après la pression exercée par la communauté internationale.

Dès la reprise de la ville par le colonel Mulamba, surnommé « l'homme de Bukavu », j'atterrissai à l'aéroport de Kamembe avec M. Etienne Tshisekedi, ministre de l'Intérieur, pour se diriger vers Bukavu par la route. C'est en arrivant au centre ville que j'ai vu, pour la première fois de ma vie, les horreurs de la guerre, l'avenue principale étant totalement jonchée de cadavres.

De retour de Bukavu, alors que j'entamais mon approche sur Luluabourg (Kananga), nous avions essuyé des tirs de la part de nos propres soldats qui gardaient l'aéroport.

Après avoir piqué sur eux afin de réduire leur angle de tir et voler en rase-mottes, ils se sont jetés par terre. J'en ai profité pour atterrir. En représailles, le contrôleur de service a été fouetté devant moi, sur ordre de l'autorité locale. Quelques mois plus tard s'achevaient mes fonctions de pilote petit porteur.

En novembre 1967, après avoir accumulé l'expérience nécessaire et atteint les 1 500 heures de vol requises, Ilunga et moi repartions à Bruxelles pour suivre des cours et nous préparer à l'examen théorique de pilote professionnel de première classe ou de pilote de ligne, sans oublier la pratique des vols.

Notre dernier vol sur CESSNA-310 à l'Ecole d'Aviation civile date du 28 octobre 1968, sous la supervision de l'instructeur Pirotte et de l'examinateur François de l'Aéronautique belge. L'année suivante, nous passions nos épreuves pratiques de pilote de ligne sur DC-4 à Kinshasa. De tous les Congolais, nous étions seulement deux, Ilunga et moi, à avoir réussi. Les autres sont partis aux États-Unis pour parfaire leur formation théorique.

On ne sait commander que si l'on n'a appris à être commandé, dit-on. Pendant ma période DC-4, j'ai exercé comme co-pilote sur le réseau domestique et international, volant avec des commandants de diverses nationalités, dont Alvarez le Cubain, Bastin le Belge, Beester le Sud-africain, Guerillot le Français, Lakhdari l'Algérien, Dean l'Anglais, Goffaux, Ocket et Renwick. Ma vie fut ainsi marquée par cet extraordinaire choc des cultures. L'aviation est une sorte de drogue pour qui s'y frotte et un monde à part, avec ses codes, ses obligations et son mode de vie.

C'était l'époque de longs vols cargo en DC-4 sur l'Europe. Un aller-retour durait entre 35 et 48 heures, avec un équipage de cinq agents (commandant, copilote, mécanicien, radio et navigateur). Air Congo était la seule société d'aviation au monde à avoir utilisé un DC-4 cargo à queue pivotante, transformé par Sabena technique et immatriculé 9Q-CBG. Mon dernier vol sur DC-4 a eu lieu le 2 septembre 1969 sur la relation Léopoldville-Fort Lamy-Cagliari-Venise pour le check D (grande maintenance) du 9Q-CBT, avec le commandant Pereira, de nationalité portugaise.

Un Beachraft D-18, un B-55 Baron et des DC-3, à l'aéroport de Kamenbe, au Rwanda, construit par le Congo

Un Boeing 737-200 d'Air Zaïre sur le tarmac de l'aéroport de Goma. Derrière, le volcan Nyiragongo

5. Formation sur Fokker F-27

Avant ma formation sur Fokker F-27, tout ce que je connaissais des Pays-Bas se limitait à leurs tulipes et à leurs digues. Mais une fois à Amsterdam, le grand port hollandais, j'ai découvert que les Néerlandais avaient une vieille tradition aéronautique et fabriquaient des excellents avions, dont le Fokker F-27, un turbo-propulseur de plus ou moins quarante-cinq places et qui était déjà vendu à plus de six cents exemplaires.

La fin de la formation théorique fut sanctionnée par un examen, auquel j'ai réussi avec 100 % de points. Ce qui était considéré comme un exploit chez Fokker.

La compagnie Air Congo venait de commander huit Fokker F-27. Les premières livraisons coïncidaient avec la fin de notre formation. Elles se sont échelonnées du 27 février au 30 septembre 1969 avec paiement sur fonds propres d'Air Congo. Cette compagnie comptait à présent plus d'une vingtaine de pilotes F-27, dont mon collègue Ilunga et moi.

Le F-27 était destiné à être exploité partout au Congo et ainsi permettre le désenclavement de certaines régions du pays. Équipé de pneus basse pression, l'appareil se posait partout où le DC-3 pouvait se poser.

Pendant mes deux ans de prestation comme commandant F-27, j'ai renoué le contact avec le Président Mobutu, effectuant pour son compte des vols VIP à l'intérieur et à l'extérieur du Congo.

C'est ainsi que le 27 novembre 1969, j'ai transporté M. Diallo Telli, alors Secrétaire général de l'Organisation de l'Unité africaine (OUA), qui sera assassiné quelques mois plus tard dans les geôles guinéennes sous le régime du Président Sékou Touré.

Je me rappelle aussi du voyage présidentiel, du 15 au 28 décembre 1969, au cours duquel j’ai serré, à l'aéroport d’Entebbe, la main du Président ougandais Idi Amin Dada, alors fréquentable. Devenu l'un des dictateurs les plus sanguinaires d’Afrique, il sera chassé du pouvoir, avant de finir sa vie en exil, en Arabie Saoudite.

Nous avons également, par la suite, effectué plusieurs vols vers Gemena, chef-lieu du district du Sud-Ubangi dans la province de l’Equateur, consécutivement à la maladie puis la mort, en mai 1971, de Mama Yemo, la mère du Président Mobutu. Visiblement, ce décès affecta profondément le chef de l’Etat congolais, comme c’est souvent le cas pour tout enfant qui n’a pas ou que très peu connu son père.

En effet, sa mère comptait énormément pour lui. Après l'inhumation, le Président Mobutu ne s'est plus intéressé à la ville de Gemena, comme s'il voulait rompre avec ce passé.

6. L'incident de Gemena

Nous venions de passer une nuit avec le Président congolais à Gemena, un jour de 1969, après avoir subi les assauts d'un orage tropical.

Le matin, il y avait un brouillard à couper au couteau. La visibilité était en-dessous des minima requis pour un décollage en toute sécurité. Par conséquent, je ne pouvais endosser la responsabilité de décoller de cet aéroport avec le Président Mobutu à bord.

La piste de Gemena, de moins de 1 000 mètres de long, était en latérite, avec des arbres qui accrochaient les nuages (stratus). Je n'avais des informations météo ni de Lisala, ni de Mbandaka et encore moins de Kisangani, les villes les plus proches. En clair, si j'avais n'importe quel problème technique au décollage, je ne pourrais pas revenir me poser à Gemena, qui n'était pas équipé d'I.L.S., un système d'atterrissage aux instruments.

La visibilité horizontale, que j'estimais sans me tromper à moins de 200 mètres, était aussi inférieure aux minima. Avec le carburant restant à bord, il devenait impossible dans ces conditions d'atteindre Kinshasa. Ainsi, il était indispensable d'effectuer une escale technique soit à Lisala, soit à Mbandaka.

Comme l'équipage gagnait l'avion deux heures avant le VIP, j'ai eu tout le loisir d'en discuter avec mon copilote et prendre la décision d'informer le Président que les conditions météorologiques ne permettaient pas le décollage. Dès son arrivée à l'aéroport et après les honneurs militaires, j'ai pris mon courage à deux mains pour annoncer au Président le report ou l'annulation du vol. A cette époque, rares étaient ceux qui osaient dire « non » au tout-puissant Mobutu.

Pour toute réponse, le Président a pris son épouse Antoinette par la main et s'est installé avec elle à bord du F-27. Pris de court, je ne savais à quel saint me vouer pour changer le cours des choses. J'ai alors informé le chef de la sécurité, le capitaine Mika, du problème, mais sans réussir à l'émouvoir.

Après environ dix minutes de palabre à l'africaine, le docteur Close, père de l'actrice Glenn Close, alors médecin personnel du chef de l'État, et à qui rien n'avait échappé, s'est approché de moi et m'a confié d'en parler à l'épouse du Président. Et c'est très respectueusement que j'ai expliqué à celle-ci les dangers à encourir et surtout ma responsabilité en tant que commandant de bord de l'avion présidentiel. Elle s'est alors adressé à moi en lingala à peu près en ces termes :

- Mon fils, est-ce vrai que la route n'est pas bonne ?

- Maman, la route n'est pas bonne, lui ai-je répondu.

Quelques minutes après m'avoir remercié, je l'ai entendue héler son mari par son prénom « Joseph ». Maman Marie-Antoinette venait de prendre ses responsabilités d'épouse du Président et surtout de mère. Elle lui a parlé dans sa langue maternelle et le miracle se produisit. Le Président, accompagné de sa femme et de sa suite, a quitté l'avion sans m'adresser la parole. Ce qui était souvent de mauvais augure.

Le lendemain matin, l'équipe au grand complet était à l'aéroport. Dès que le Président est arrivé, il m'a fait chercher pour m'annoncer que ses services de sécurité avaient confirmé que la météo de la veille était exécrable aussi bien à Lisala, à Mbandaka qu'à Kisangani. Il était souriant. Ce qui indiquait que l'incident était clos, mais signifiait aussi que le Président ne faisait confiance qu'à ses nombreux services spéciaux et à son armée. Il me fallait également remercier le docteur Close pour son coup de pouce en ma faveur.

Ma période F-27 fut vraiment riche du point de vue professionnel. Quand on ne connaît pas l'Afrique centrale, il est très difficile de se faire une idée réelle de la météo. La saison des pluies est dominée par des violents orages l'après-midi ou tard le soir. La saison sèche, elle, est surplombée par la brume sèche, qui concourt à la naissance du brouillard, avec une visibilité très réduite lorsqu'il n'y a pas de vent. On peut à peine percevoir quelque chose quand on se trouve à la verticale.

En 1967, les aides à la navigation, qui couvraient jadis tout le pays, n'étaient plus entretenues suite aux nombreux problèmes politiques et à la guerre civile.

Naviguer en République démocratique du Congo équivalait presque à effectuer de la navigation à l'estime. La situation s'aggravait en cas d'orages et qu'il faille dévier de sa route pour les éviter. Cela tenait presque de l'exploit puisqu'à l'époque, les avions n'étaient équipés que des ADF et VOR pour naviguer (sortes de récepteurs qui transmettaient un gisement par rapport à une station située au sol).

Seuls Kinshasa et Lubumbashi en étaient pourvus. Nous étions devenus familiers de notre environnement au point que nous pouvions instinctivement nous situer grâce à certains détails, tels que les galeries forestières, les plaines et les rivières.

Nous utilisions aussi la fonction Mapping du radar météo du F-27 comme instrument de navigation, notamment pour découvrir les cours d'eau ou les lacs. Finalement, le fait de voler le plus souvent sans aide à la navigation était devenu pour nous tout aussi naturel, grâce à la parfaite connaissance de notre environnement de travail. Ce qui n'était pas le cas pour les nouveaux venus.

A ce propos, un BAC-111 anglais, loué par Air Congo et en provenance d'Elisabethville, s'est retrouvé à plus ou moins 200 km à l'ouest de Kinshasa, par manque d'aide à la navigation dans la capitale ce jour-là. L'avion est revenu à destination grâce aux directives et conseils des collègues qui volaient également dans le secteur.

Il y a eu, par ailleurs, le cas du B-707 d'une grande compagnie américaine qui, effectuant la liaison Nairobi-Léopoldville-New York, s'est retrouvé en phase finale de l'aéroport de Ndolo, en plein centre ville, avec une piste de 1 600 mètres de long.

Quand le pilote a annoncé à la tour de contrôle de Ndjili qu'il était en phase finale, le préposé lui a demandé d'allumer ses phares mais, ne les voyant pas, il lui ordonna ensuite de remettre les gaz. N'étant pas familier de l'environnement congolais, le pilote du fameux B-707 s'était simplement trompé de piste suite à une panne du système d'aide à la navigation.

L'aéroport de Ndolo, à Kinshasa, a été plus de trois fois le théâtre de ce genre d'incidents, liés à l'absence d'aide à l'atterrissage.

A l'époque, le système de navigation le plus élaboré était le Doppler, mais très peu d'avions civils en étaient pourvus. Air Congo avait équipé ses deux premières Caravelle SE-210-11R, acquises en 1967 et 1968, de deux systèmes Doppler chacune.

Pour le dixième anniversaire de son indépendance, le Congo avait commandé de nouveaux avions : trois B-737-200 et deux DC-10-30. La flotte de la compagnie se composait alors de : huit F-27, deux DC-8-33, deux DC8-63, deux SE 210-11R et un BAC 111. Les DC-3 et DC-4 avaient été cédés à la Force aérienne à la demande des autorités politiques.

Le seul Baron B-55 restant a été utilisé comme avion de liaison et de dépannage. Cet appareil, immatriculé 9Q-CXJ, ainsi que quelques F-27 devaient servir à des vols spéciaux, sous le couvert de la CIA (Central Intelligence Agency) en Angola. A cet effet, la gestion de la compagnie Air Congo a été confiée à la Pan Am, une des principales compagnies américaines.

Comme par hasard, la plupart des cadres de direction étaient des anciens du Vietnam. Pour les différencier des cadres nationaux, ils se sont fait nommer directeurs principaux.

Après la nomination d'un certain Monsieur Jo à la tête de l'entreprise Air Zaïre en qualité de PDG, les vols spéciaux sur l'Angola débutèrent. Un bureau spécial a été aménagé à cet effet à l'aéroport de Ndjili, avec une petite équipe d'agents de la CIA.

Des pilotes volontaires ont été choisis pour effectuer les vols spéciaux, moyennant une forte prime à l'heure de vol, car il y avait effectivement du danger, l'Angola disposant d'avions MIG et de quelques missiles sol-air à courte portée. Comme on pourra le constater, le ravitaillement en armes et munitions des combattants de Jonas Savimbi de l'UNITA, principal parti d'opposition angolais, comportait des risques.

Le B-55, muni d'une camera spéciale fournie par l'Ambassade américaine de Léopoldville, effectuait des vols de reconnaissance photographique avec une précision défiant l'imagination. On pouvait par exemple lire le grade d'un officier angolais ou cubain à coté d'un pont.

Au mois de mars-avril 1971, le B-55, au retour d'une de ces missions photographiques, a craché à la frontière entre la province du Kasaï occidental et celle du Bandundu, sur le territoire congolais. Les deux pilotes s'en sont tirés sans trop de dégâts.

Quant aux Fokker, ils devaient évoluer à une certaine altitude de vol imposée par les agents de la CIA afin d'échapper aux éventuels tirs des missiles à courte portée. Mais cette précaution n'a pas empêché la perte d'un avion.

En effet, un F-27, piloté par M. Jean Delbecq, celui-là même qui commandait l'avion présidentiel à Albertville, aujourd'hui Kalemie, lors de ma première rencontre avec Mobutu, a été repéré par un MIG-21 angolais qui volait à haute altitude. Pour ne pas être repéré à son tour, le pilote du MIG est resté en altitude afin de pouvoir localiser le lieu d'atterrissage du F-27 en territoire angolais.

Quelques minutes après l'atterrissage du Fokker et dès l'ouverture de la porte cargo, le MIG a lancé sa première roquette, qui a explosé juste en face du poste de pilotage du F-27. Les deux pilotes ont été gravement touchés. Ils étaient à peine dégagés de l'avion que le MIG, lors de son deuxième passage, a de nouveau tiré sur le Fokker, qui a explosé en plusieurs morceaux, tuant quelques sujets angolais présents sur place.

Les deux pilotes ont été placés sur des civières de fortune et acheminés jusqu'à la frontière de la Rhodésie (Zimbabwe) pour les premiers soins, avant d'être transférés en Afrique du Sud, où ils ont subi une intervention chirurgicale.

Il a fallu au commandant Delbecq plus d'un an de rééducation avant de reprendre ses activités de pilote. Il a encore volé plusieurs années en qualité de commandant B-737, jusqu'à sa mise à la retraite. Il s'est installé en France, où il vivait avec sa famille.

Pour sa part, son copilote M. Baker a été emporté par la malaria cérébrale, à Halifax au Canada, deux ans après avoir quitté la compagnie Air Zaïre.

Enfin, dans l'après-midi du 6 octobre 2012, j'ai reçu, de la part d'une des filles de Jean Delbecq, un message e-mail m'annonçant que celui-ci venait d'effectuer son dernier envol, le matin du même jour, à destination du point de non retour. Que son âme repose en paix !

7. Vol royal

Pour le dixième anniversaire de l'indépendance du Congo, plusieurs chefs d'États étrangers avaient été invités à Kinshasa en vue d'assister aux festivités. Parmi eux le Roi Baudouin de Belgique, celui-là même qui avait accordé l'indépendance au Congo, le 30 juin 1960. Il était accompagné de la Reine Fabiola.

Le couple royal belge devait effectuer une visite officielle quelques jours avant la date anniversaire. Au programme était inscrite la visite, par avion, de plusieurs villes dont Luluabourg, Mbuji Mayi, Lubumbashi, Kolwezi, Bukavu, Goma, Rwindi et Kisangani, avant son retour à Kinshasa par bateau.

J'ai été désigné comme commandant de bord de l'avion royal. Il s'agissait pour moi du plus grand des privilèges que d'être le premier Congolais à piloter le Roi et la Reine des Belges et, ce, pendant près d'une semaine. Drôle de coïncidence, en effet, lorsque je me rappelle que, quelques années auparavant, le pilotage semblait ne pas être un métier dévolu aux Congolais !

Le Fokker immatriculé 9Q-CLN, commis au vol royal, avait été équipé d'un intérieur VIP. Deux jours auparavant, l'équipage avait suivi une formation aux bonnes manières, notamment sur la façon de s'adresser à Leurs Majestés. Le Roi et la Reine, accompagnés du couple présidentiel zaïrois, ont quitté Kinshasa à bord d'une Caravelle d'Air Zaïre, à destination de Luluabourg, où je devais prendre le relais sur Fokker, pour le reste du trajet.

Après avoir effectué ma mise en place à vide à l'aéroport de Luluabourg, je serrai, pour la première fois de ma vie, les mains de Leurs Majestés le Roi et la Reine, avec beaucoup d'émotion et surtout énormément de fierté. Je ne peux décrire avec des mots appropriés ce que je ressentais à cette occasion. L'événement a eu lieu le 20 juin 1970.

Après le décollage, nous nous sommes d'abord dirigés vers la ville de Mbuji Mayi, où le couple royal devait visiter les installations de la MIBA (Minière de Bakwanga). Nous avons ensuite poursuivi en direction de Lubumbashi, chef-lieu de la province du Katanga, que nous avons atteint en fin d'après-midi.

Le 21 juin au matin, la délégation a quitté Lubumbashi à destination de Kolwezi, siège du Groupe-Ouest de la Gécamines, où le Roi et la Reine ont eu l'opportunité de visiter les installations de ce géant de l'exploitation minière.

Au départ de Kolwezi et à la demande du Roi, je me suis mis à suivre la rivière Lualaba, pour essayer de découvrir les sources du fleuve Congo, qui représente la colonne vertébrale de ce grand pays. C'était l'occasion pour moi d'effectuer un vol à basse altitude en suivant les méandres du Lualaba.

SIMON DIASOLWA , PILOTE DU ROI

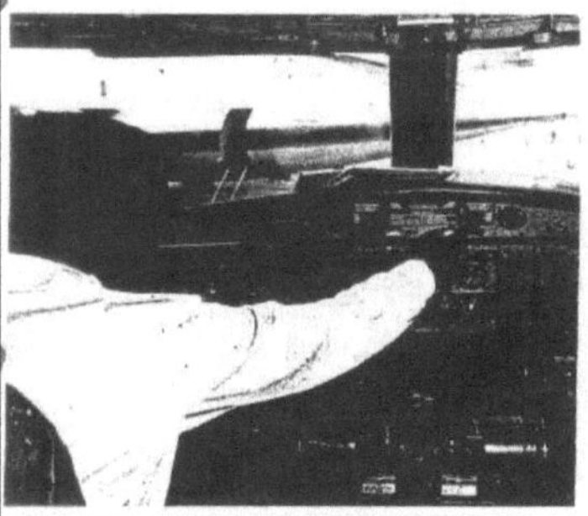

Vingt-sept ans. Teint d'ébène, épaules d'entraineur de football. C'est Simon Diasolwa. Très peu bavard à ses heures, mais volontiers blagueur quand on l'y invite. A vingt-sept ans, ce grand garçon, ancien joueur de football à Neufchâteau (province du Luxembourg), a fini avec le ballon rond pour voler à 8.000 mètres quatre jours sur sept. Dans les cieux incertains du pays. Aux commandes des « Fokker » de notre compagnie nationale congolaise d'aviation.

Simon Diasolwa est un produit national né du défi congolais. Breveté pilote dans l'aviation civile, il n'a pas volé son titre : il l'a arraché à l'Ecole de l'Aviation Civile de la Sabena, à Bruxelles, en 1965. Mais bien longtemps avant de prendre place dans le poste de pilotage d'un avion, il contemplait déjà au sol ces grands oiseaux métalliques atterrir et décoller. A l'aérodrome de N'dolo, aux environs duquel il vivait avec ses parents.

A l'époque, son oncle, agent à la Sabena, l'emmenait souvent « faire un tour » à l'aérodrome. A la découverte de ces machines volantes qui le captivaient, qui l'intéressaient de plus en plus. Au point de faire naître en lui des ambitions. Jusqu'au jour où, grâce à un communiqué « cherchant des candidats pilotes », son nom a figuré sur la liste du contingent des candidats retenus. Mais le futur pilote était encore loin d'avoir eu son baccalauréat. Il dut d'abord passer quelques années à l'Institut Saint-Barthélémy, à Liège, pour achever ses humanités. Puis ce fut la grande aventure de l'Ecole d'aviation civile.

C'est sur un ton badin qu'il raconte les grands moments de ses débuts à l'EAC. L'air de quelqu'un qui paraît avoir été prédestiné à ces études particulièrement difficiles, qui « filtrent » presque toujours 10 % des candidats inscrits.

*

« Mon premier vol sur un avion à moteur date de 1962, sur un « Tiger Moth » de l'école. Après 120 heures de vol (navigation, vol aux instruments, acrobatie, vol de précision et le fameux « check Tiger Moth », sorte d'examen marquant la fin des entrainements sur cet appareil), l'EAC nous a ouvert la porte d'un autre appareil : le CESSNA 310. Equipé comme un avion de ligne et permettant aux élèves de s'initier aux ficelles du métier de pilote de ligne... ».

Mais l'apprentissage du métier sur le CESSNA est vite fait et ses durs examens exigent des récipiendaires 70 % des points pour le brevet. Simon Diasolwa a été, dans sa promotion, l'un des mieux cotés et des plus félicités le jour de la remise des documents officiels. Pour récompenser ses réflexes, sans doute. Mais surtout pour ses capacités et le brio avec lequel il a su répondre aux questions du jury qui lui a accordé le maximum des points.

Nanti du précieux parchemin, il reprend la route des airs pour rentrer au pays en mars 1966. A cette époque, le Congo est encore au début de la révolution. On ne parle pas encore de pilotes nationaux. Du moins pas dans l'aviation commerciale. Pendant un an et demi, le voilà néophyte, premier pilote congolais aux commandes d'un

avion au-dessus du ciel congolais. Ses débuts se font d'abord dans de petits porteurs, plus particulièrement sur le « Baron » et le « Beechcraft 18 » dont il manipulera le manche à balai pendant un an et demi. En qualité de copilote, puis, la confiance et la maîtrise aidant, comme commandant de bord. C'est alors qu'il apprend le dur métier de navigateur. Métier d'autant plus difficile qu'au Congo le système de guidage des avions reste encore défectueux, quand il n'est pas inexistant dans certains coins du pays.

Mais ces difficultés ne rebutent guère le jeune « bleu ». Mieux, elles l'enhardissent et le font passer du petit porteur aux commandes des DC-4. Puis il quitte le cockpit des DC-4 pour celui, plus moderne, des « Fokker ». Il y a de cela huit mois aujourd'hui.

Au début de l'année, le président de la République avait remis entre les mains encore tremblantes de Simon son sort et celui de toute sa suite, pour le voyage de Kinshasa à Entebbe.

Cette même année, c'est Inongo, puis le voyage en Zambie.

Mais c'est le retour de Baudouin Ier au Congo qui lui a permis de se distinguer. Durant les quatorze jours du périple royal à l'intérieur du Congo et sur les onze fois que les souverains belges et le général-président ont pris l'avion, huit fois ils l'ont fait avec Diasolwa, et trois fois (Kinshasa-Inga-Kinshasa-Luluabourg-Lubumbashi) avec des pilotes brevetés sur Caravelle.

Pilote des lignes intérieures, il rentre souvent à son principal port d'attache. Il partage ses soirées et ses jours de congé avec Lisette De Rycke, avec laquelle il a lié son sort pour le meilleur et pour le pire. Car son ambition va au-delà des « Fokker ». Il vise maintenant le biréacteur français de Sud-Aviation — la Caravelle — qu'il voudrait un jour faire décoller devant la tour de contrôle de N'Djili.

— Quand on a reçu une solide instruction à l'EAC de Bruxelles, dit-il, en endossant son bel uniforme galonné, on peut se permettre des rêves. Et le mien, dans ce domaine, n'est ni au-dessus de mes forces ni en dessous de mes capacités... ■

ZAÏRE — 3 AOUT 197[illegible]

Pendant la phase de recherche, d'une vingtaine de minutes, les tours de contrôle de Kolwezi et de Lubumbashi avaient un sérieux problème pour localiser l'avion royal, malgré que nous fussions en contact radio avec eux. Pendant tout ce temps, le Roi et le Président étaient restés dans le cockpit afin de mieux contempler le décor.

La forte communauté belge de Lubumbashi ainsi que les médias étaient impressionnés de voir le Roi piloté par un Congolais. Le fac-similé d'un article, ci-contre, qu'un journal de l'époque avait consacré à l'événement, est éloquent.

Le matin du 22 juin, nous décollions de Lubumbashi à destination de Bukavu. Pendant le vol de croisière, j'ai eu l'agréable surprise de la visite royale dans le cockpit. Le Roi m'a avoué qu'il aimait les avions et préférait le poste de pilotage au confort d'une cabine des passagers. Normal, car il était lui-même pilote !

Nous avions ensuite échangé quelques réflexions sur la beauté de la région survolée et l'immensité du Lac Tanganyika que nous longions sur près de 700 kilomètres. Il faisait tellement beau et le vol si calme qu'à part le sifflement des moteurs, on sentait qu'il y avait visiblement de l'euphorie et de la mélancolie dans l'air.

Lorsque le Président Mobutu est venu rejoindre le Roi Baudouin dans le poste de pilotage, j'ai senti l'amitié qui les liait. Ils étaient tellement heureux. De même, partout où ils allaient, la foule était en liesse, car « Buana Kitoko » (le beau Blanc), comme les Congolais l'avaient surnommé en langue swahili, était tant aimé de tous dans ce pays.

Après une nuit de repos, je décollai de Bukavu pour un survol du volcan Nyiragongo, avec à bord les deux chefs d'État et leurs épouses. Il faisait tellement beau temps ce jour-là que les contours du volcan étaient visibles de loin.

A la verticale de la ville de Goma, j'ai commencé à me positionner pour aborder le volcan par le sud et, ensuite, effectuer une boucle afin de contourner le cratère dans le sens contraire des aiguilles d'une montre, à plus ou moins 2 000 pieds (600 mètres) au-dessus du sommet.

De là, on pouvait mieux admirer la lave incandescente dans les fonds du cratère. C'était une vision à la fois féerique et dantesque. Après trois tours autour du volcan, j'ai pris le cap retour vers Goma. La Reine m'a fait la surprise de venir me féliciter dans le cockpit avant l'atterrissage.

Le 25 juin 1970, nous avons décollé de Goma en direction du Parc de la Rwindi (ex-Albert) où les VIP ont passé quelques heures pour un safari photo. C'est là que j'ai vu, avec surprise, le Roi Baudouin enlacer affectueusement la Reine Fabiola, en lui soufflant certainement quelques mots tendres à l'oreille.

Après le repas, servi à notre retour à Goma, nous nous sommes envolés pour Kisangani, que nous avons atteint à l'issue d'un vol d'une heure et trente minutes. Pour la suite de leur voyage vers Kinshasa, ils allaient prendre place à bord du bateau présidentiel, sous la responsabilité du commandant Kanga.

Je tiens à relever que lors du vol royal, j'ai eu comme copilote un prénommé Baudouin, de nationalité belge, qui était pilote à Air Congo.

Le lendemain, je quittai Kisangani pour Kinshasa, avec la satisfaction du devoir accompli. Quelques semaines plus tard, je reçus des autorités belges la médaille du mérite. De ce voyage inoubliable, je garde aussi les autographes du Roi des Belges et de la Reine Fabiola dans l'un de mes nombreux carnets de vol.

Après le couple royal, j'ai eu plus tard comme passager célèbre, sur Fokker, M. Haroum Tarzief, éminent volcanologue, pour le tournage de son film sur l'une des rares irruptions du volcan Nyiragongo.

A cette occasion, j'ai effectué plusieurs boucles autour du volcan, en faisant très attention à la sécurité du vol, afin de permettre au cameraman de filmer la lave qui déferlait des pentes du volcan vers la ville et qui s'est arrêtée à quelques mètres de la piste d'envol de l'aéroport de Goma.

8. Compétition entre constructeurs

a. B-737 et Fokker F-28

Au mois de février 1972 est arrivé à Kinshasa le premier F-28 immatriculé PH-FPT, piloté par le commandant Moll, chef pilote d'essai de Fokker. Il était question d'organiser une série de vols de démonstration en vue du probable remplacement par Air Congo de ses F-27.

Le nouvel avion avait l'avantage de se poser aussi bien sur des pistes en latérite qu'en herbes. Par ailleurs, il était équipé de pneus basse pression. A la demande de la direction des opérations, Ilunga et moi avons effectué quelques vols sous la supervision du commandant Moll.

Le F-28 était naturellement plus performant que le F-27 mais posait un problème d'autonomie de vol. Il disposait par ailleurs de soutes à bagages trop petites. Pour un pays aussi grand que le Congo, il fallait plutôt un avion de la capacité du B-737-200, qui transportait plus de passagers et de charges.

Comme le F-28, l'avion de Boeing pouvait se poser partout et avait plus d'autonomie. Nous en avons eu la certitude après une opération de marketing menée par Boeing, au cours de laquelle il a démontré les immenses possibilités de son B-737-200, en décollant avec le plein de passagers de la petite piste du barrage d'Inga, qu'on dénommait porte-avion, à destination de Kinshasa, à plus ou moins trente minutes de vol.

Bien que l'avion fût commandé par des pilotes d'essai, nous en sommes restés sans voix. Air Congo s'est ainsi empressé de se faire livrer trois exemplaires, avec inscription du nouveau nom de la compagnie : Air Zaïre. En effet, depuis le 27 octobre 1971, le pays, le fleuve et la monnaie avaient changé d'appellation.

b. Caravelle

Au début du mois de mars 1972, après avoir suivi le cours Caravelle avec les instructeurs de Sud Aviation (Toulouse), je débutai mon entraînement sur cette merveilleuse machine sous la supervision de l'instructeur Robert Guerillot.

De tous les appareils que j'ai eu à piloter, la Caravelle est l'avion qui m'a le plus impressionné. D'une finesse inouïe, n'en déplaise à certains, je la comparais souvent à une belle femme et la piloter équivalait à prendre son pied.

Indépendamment du réseau domestique, la Caravelle était aussi utilisée sur le réseau interafricain d'Air Zaïre, subdivisé en trois secteurs : la côtière ouest jusqu'à Dakar, la côtière est jusqu'à Dar Es Salaam et l'Afrique centrale jusqu'à Fort Lamy, actuellement Ndjamena.

Mon dernier vol sur Caravelle a eu lieu le 24 avril 1973 sur la relation Kinshasa-Lubumbashi-Kinshasa, avec M. Bob Saussez, dont c'était le premier vol, après son lâchage comme copilote Caravelle. Ce vol a été marqué par un incident qu'il est important de relever.

A cet effet, après le décollage de Lubumbashi vers 20 heures, sous une pluie battante, nous étions à environ une heure et demie de vol de Kinshasa lorsque le radar météo tomba en panne.

Nous volions à une altitude de 31 000 pieds, soit un peu plus de 9 000 mètres. Nous étions non seulement entourés de gros nuages, baptisés « cumulo-nimbus », mais il faisait également nuit noire. Continuer à naviguer à cette altitude sans assistance du radar météo pouvait s'avérer dangereux pour l'appareil et surtout le confort des occupants.

Dans les orages, on peut rencontrer des blocs de glace aussi gros que des balles de ping-pong. Entrer en collision avec eux à une vitesse de 800 km/h peut causer de sérieux dégâts à l'avion, sans compter les turbulences sévères qui peuvent occasionner des blessures graves aux voyageurs.

En vol de jour, cela aurait été plus aisé d'éviter les gros noyaux orageux en visuel. Malheureusement, ce n'était pas le cas ce jour-là. Il n'était pas question de voler plus bas afin d'éviter une forte consommation en carburant, que la manœuvre aurait générée.

Ayant gardé en mémoire la dernière image météo avant que le radar ne nous lâche, j'ai décidé de réduire au minimum l'intensité lumineuse de mes instruments de bord de manière à essayer de voir ou entrevoir l'extérieur.

Après avoir demandé au PNC (personnel navigant de cabine) de rester assis et de s'attacher jusqu'à nouvel ordre, le visage collé au pare-brise, j'ai commencé un slalom mémorable, qui nous a permis de relier Kinshasa avec quinze minutes de retard sur le temps estimé, sans toutefois trop souffrir des orages. Mais, ce n'est vraiment pas une expérience à vivre deux fois.

A l'époque, bien que nous fussions constamment en contact HF (ondes courtes) avec le centre d'information de vol de Kinshasa, il ne nous servait à rien de solliciter une aide radar devant permettre d'éviter les noyaux orageux, car le Congo n'en était pas pourvu. Il en est de même encore aujourd'hui.

c. Qualification DC-10-30

Fin avril 1973, ma position sur la liste de séniorité me permettait de choisir entre le DC-10-30 et le B-747-100 que la compagnie s'apprêtait à acquérir au courant du mois de juin ou début juillet. Mon choix, porté sur le DC-10, a été dicté par le fait qu'Air Zaïre en était propriétaire, alors que le B-747 était en location.

J'ai donc quitté Kinshasa pour Long Beach Californie, via Paris. C'est à bord d'un B-747 de la Pan Am que j'ai atterri à Los Angeles, après un vol de 12 heures au départ de Paris. Nous survolions encore Los Angeles lorsque j'ai entendu le commandant de bord annoncer que nous allions bientôt atterrir et qu'à ce moment précis, près de six millions de voitures roulaient dans cette immense ville.

Pour un Africain qui allait fouler pour la première fois le sol américain, cela faisait l'effet d'une blague. Pourtant, c'était la réalité et j'allais bientôt découvrir la toute-puissante Amérique.

En quittant l'aéroport de Los Angeles, à bord d'un taxi, je découvrais, à l'instar de mes collègues, les autoroutes à l'américaine et spécialement la 405 reliant le San Diego freeway à Long Beach où se situait le siège de McDonnell Douglas, sur Lakewood Boulevard. Nous sommes descendus au Rochel's Motel, à deux pas du training center, géré par Flight Safety.

Pendant près de deux mois, nos journées étaient partagées entre les cours théoriques, sanctionnés par un examen, et les C.P.T. (Cockpit procedure trainer), suivis d'une série de séances de simulateur (plus ou moins 40 heures par équipage), avant le test final. La formation s'est achevée par l'entraînement sur l'avion lui-même. Chaque équipage devait ainsi réaliser quelques quatre décollages et atterrissages, dont deux de nuit, conformément à la réglementation en la matière.

Pour éviter les embarras du trafic des aéroports de Los Angeles et de Long Beach, nous décollions pour la première fois le DC-10 immatriculé 9Q-CLI aux couleurs d'Air Zaïre, à destination de Tucson, en Arizona, en vue de l'entraînement des équipages, lequel consistait à effectuer quelques approches visuelles ainsi que des atterrissages de nuit.

Le 19 juin 1973, nous ramenions le DC-10 à Long Beach, dans le cadre des préparatifs de notre retour au Congo. Le 28 juin au matin, le DC-10-30 flambant neuf se posait à l'aéroport international de Ndjili, à Kinshasa, via New York et Dakar.

Pour notre qualification sur les lignes de la compagnie, deux instructeurs, MM. Hammet et McCabe, ont été mis à notre disposition par Douglas afin de superviser, pendant quatre mois, notre lâchage sur ces lignes.

Pour les festivités de l'indépendance, le 30 juin, les autorités politiques et militaires ainsi que les dirigeants d'Air Zaïre ont inauguré l'avion en grande pompe. Le Zaïre était fier de posséder le premier gros porteur commercial de toute l'Afrique noire. De son côté, Air Zaïre était devenu l'une des plus importantes compagnies d'aviation d'Afrique, avec une flotte de vingt-cinq avions modernes.

Le 4 juillet 1973, j'effectuai mon premier vol commercial, sous la supervision de McCabe, sur la relation Kinshasa-Rome-Bruxelles, avec un retour à Kinshasa le 8 juillet, via Madrid. Après cent heures d'entraînement en ligne, j'ai été déclaré bon pour le service, avec le grade de commandant de bord DC-10-30. Ainsi a commencé pour moi l'une des plus longues carrières de commandant de bord sur un même type d'appareil, soit 30 ans, de 1973 à 2003.

Avec le DC-10, j'ai connu des hauts et des bas. J'ai vécu toutes les modifications que cet avion extraordinaire a subies, sans jamais perdre la confiance que je plaçais en cet appareil. J'ai même été à la base de l'une d'entre elles. Mais cela relève d'une autre histoire.

Au mois de juillet 1973, j'étais le plus jeune commandant DC-10 au monde. Ma jeunesse me permettait ainsi d'aimer tous les gadgets qui faisaient que cet avion était en avance sur les autres types de sa génération.

Comparativement aux avions d'aujourd'hui, le DC-10 possède presque tous les modes de vol de ces engins. Bien que sa cellule et ses moteurs soient d'une grande solidité, le DC-10, comme la plupart des avions, a aussi souffert de ses maladies de jeunesse, que je vais essayer d'expliquer selon les cas. Mais avant d'entrer dans le vif du sujet, un petit rappel historique s'impose.

Suite à un appel d'offre de certaines compagnies américaines et européennes pour la fabrication d'un gros porteur de plus ou moins deux-cent-cinquante places et pouvant parcourir à peu près 6 000 kilomètres, deux compagnies, McDonnell Douglas et Lockheed, se sont mises en compétition.

A l'époque, la F.A.A. (Federal Aviation Administration) n'était pas aussi regardante qu'aujourd'hui sur la conception des avions. La compétition, supposée être un motif d'amélioration du produit proposé, est devenue une source de stagnation de la sécurité pour des raisons de réduction des coûts.

En effet, la plupart des gros porteurs (Jumbo) ont des soutes pressurisées au même titre que la cabine pour passagers. Celle-ci est séparée de la soute par un plancher, supposé résister à une décompression en cas d'ouverture accidentelle d'une porte.

Or, lors des essais de décompression de la soute, les ingénieurs ont remarqué que le plancher ne tenait pas mais se brisait plutôt. Ainsi, il fallait absolument trouver un système qui permette d'éviter que cet incident ne se produise en plein vol, car en se brisant, le plancher couperait les câbles de commande de vol. La conséquence serait la perte de contrôle de l'appareil, du fait que le pilote ne pourrait plus maîtriser l'avion par des moyens conventionnels.

Par ailleurs, les passagers assis au niveau de la partie brisée du plancher seraient aspirés par le trou ainsi provoqué et éjectés, peut-être à 10 000 mètres d'altitude, à -50° centigrades et à 900 kilomètres à l'heure. Ce phénomène a été confirmé lors des essais de pressurisation de la cellule numéro deux. Le plancher s'est effectivement effondré à une altitude simulée de 2 300 mètres.

Pourtant, les responsables de Douglas avaient assuré que pareille mésaventure n'adviendrait pas, car ce n'est pas tous les jours qu'une porte de soute s'ouvre en plein vol. Ils ont ajouté qu'il y a par ailleurs le pilote automatique, dont le contrôle passe par le plafond. Bref, aucun risque de crash n'était à redouter.

D'un autre coté, modifier tous les DC-10 serait une opération qui aurait coûté cher à Douglas et Lockheed risquait de prendre avantage avec son Tri-Star-1011.

McDonnell ne pouvait le tolérer, puisqu'il a même proposé aux compagnies aériennes la version long courrier de son DC-10 capable de relier Paris à Los Angeles sans escale, avec le plein de passagers.

Dans cette compétition sauvage, Lockheed a dû se résoudre à se consacrer uniquement aux domaines militaires et renoncer à la fabrication des avions civils.

Mais ce qui devait arriver arriva. Le 12 juin 1972, le vol AA-96 d'American, avec cinquante-six passagers à bord et sous le commandement de Bryce McCormick, effectuait la liaison Los Angeles-New York via Detroit et Buffalo. Entre les deux villes américaines, l'avion devait survoler le territoire canadien.

Mais au-dessus de l'Ontario, la porte de soute arrière s'est ouverte, alors que l'avion était en montée. Pourtant, depuis trois jours, on avait signalé plusieurs cas de retard sur la ligne à cause de la porte de soute arrière qui se fermait mal.

Indépendamment du problème de plancher, il y avait aussi un défaut de conception de la porte de la soute arrière, dont l'ouverture a provoqué une décompression. Le plancher passager a cédé et les passagers assis autour ont eu la vie sauve grâce aux sièges qui les ont empêchés d'être aspirés. Mais un cadavre placé dans la petite soute arrière s'est retrouvé dans la nature.

Le commandant de bord est parvenu à ramener son avion en urgence, grâce à l'autopilote et à l'utilisation des moteurs pour contrôler les montées et descentes. Il avait, en effet, perdu le contrôle de la profondeur, qui sert à réaliser ces manœuvres.

Cependant, l'accident a été minimisé. Aucune modification n'a été apportée à l'avion, à part quelques notes confidentielles recommandant aux compagnies utilisatrices les tests obligatoires à la fermeture de chaque porte de soute. Ainsi, une attention particulière était de mise pendant la fermeture des portes cargos. Indépendamment des voyants lumineux dans le poste de pilotage, il fallait la présence de deux personnes sur place.

Selon diverses sources, environ 70 % des causes d'accidents mortels sont liées à la défaillance humaine, qu'elles soient associées ou non à l'aspect technologique, à l'insuffisance de connaissances ou à la sous-évaluation de l'environnement.

Si l'homme est bien le point faible dans l'amélioration de la sécurité aérienne, c'est peut-être simplement parce qu'on ne lui a pas accordé le soutien dont il a besoin. Ainsi, la sécurité aérienne tient d'abord à l'homme, avant l'outil de travail.

L'homme, c'est le pilote, considéré à tort ou à raison comme seul maître à bord après Dieu. Au pilote incombe la responsabilité de la sécurité aussi bien de l'appareil que des passagers. Cela implique des qualités morales et intellectuelles indéniables.

Sa licence étant d'une validité précaire (plus ou moins six mois), il doit régulièrement se recycler, subir une visite médicale et être soumis à une formation permanente afin d'éviter qu'il ne sombre dans la routine.

Après l'homme, il y a l'outil de travail, qui est l'avion. La sécurité aérienne passe également par sa qualité technique, car acheter un avion, c'est aussi acheter un programme de maintenance. Comme le personnel navigant, un avion est suivi tout au long de sa vie. Aussi doit-il satisfaire aux conditions requises par l'autorité nationale de l'aviation civile.

Même si la sécurité absolue n'existe pas, on peut l'améliorer et réduire au minimum les conséquences morales et financières des accidents, qui affectent les ressources disponibles. C'est aussi la Loi de Murphy, un personnage fictif et auteur supposé de cette loi selon laquelle, s'il existe un moyen, même difficile, de faire quelque chose de travers, quelqu'un quelque part devait certainement le découvrir. Murphy, c'est l'impondérable, l'imprévisible, l'élément humain.

C'est l'époque où Air Zaïre venait d'acquérir un B-747-100. Son réseau couvrait la plupart des grandes villes européennes et africaines. C'était son apogée, ou presque.

En 1973, Air Zaïre était toujours sous gestion de la Pan Am. La compagnie avait des navigants de vingt et une nationalités différentes, tous formés à l'étranger, avec chacun sa mentalité, ses habitudes, son chauvinisme, etc. Il y avait ainsi des Belges, des Anglais, des Sud-africains, des Rhodésiens, des Américains, des Français, des Hollandais, des Allemands, des Canadiens, des Australiens, des Suisses, des Portugais, des Grecs, des Irlandais, des Indiens, des Cubains, deux Burundais, un Rwandais, un Ivoirien, un Sénégalais et, bien sûr, des Zaïrois.

A n'en point douter, face à cette diversité des origines et, surtout, de formation et de background, il s'est posé un sérieux problème de standardisation des procédures. Il fallait à cet effet donner à tous ces navigants une seule et même identité, celle d'Air Zaïre. L'objectif était de les amener à penser, réagir et travailler de façon standard. Cette compagnie a ainsi élaboré un B.O.M. (Basic Operating Manuel), qui a précédé le S.O.P. (Standard Operating Procedure).

Tous les navigants techniques subissaient deux simulateurs et deux contrôles en vol par an. Les autorités avaient l'ambition de faire d'Air Zaïre l'une des compagnies les plus sûres au monde.

Les avions DC-10 et DC-8 étaient entretenus par Swissair à Zurich et UTA industries à Paris. Quant aux B-737, ils étaient acheminés à Manchester pour leur grande maintenance.

Aussi, la société Air Zaïre, qui redeviendra plus tard Air Congo puis LAC, peut se vanter de n'avoir jamais tué un seul passager, depuis sa création en 1961 jusqu'à la déclaration de sa faillite, par le Tribunal de commerce de Bruxelles, le 12 juin 1995. Une décision que je qualifie de politique.

9. Vols spéciaux en DC-10

Le 7 octobre 1973, j'effectuai mon premier vol présidentiel en DC-10, à destination de Washington DC où le Président Mobutu devait entreprendre une visite de travail. Je décollai de l'aéroport de Paris le Bourget pour atterrir à New York sept heures et quarante-cinq minutes plus tard.

Mon collègue Ilunga et le chef pilote Watson se trouvaient à bord, puisque tous les voyages présidentiels s'effectuaient en équipage renforcé.

Au matin du 9 octobre 1973, l'équipage s'est présenté à l'aéroport deux heures avant le décollage, comme à l'accoutumé. Les Américains nous ont réservé une surprise. Des chiens spécialisés dans la détection des explosifs étaient en effet déployés à bord. De l'autre, des maîtres chiens, qui étaient en réalité des agents du F.B.I., venaient de cacher, un peu partout dans l'avion, des explosifs que les chiens devaient découvrir.

Pourtant, lors de chaque voyage présidentiel, la sécurité de l'avion était souvent assurée par deux ou trois agents zaïrois, présents à bord 24 heures sur 24.

Informé de l'incident à son arrivée, le Président s'est contenté de sourire et de nous rassurer, prouvant ainsi qu'il en était au courant. Quelque temps plus tard, nous nous posions à Andrews Air Force Base, à Washington DC, où le Président devait débuter sa visite de travail.

Le 13 octobre 1973, le DC-10 se posait à Kinshasa avec son illustre hôte. Après nous avoir félicités et remerciés, le Président prit congé de nous.

Un vol VIP étant par définition non régulier, certains paiements étaient effectués cash, notamment ceux relatifs au carburant, au handling, au dégivrage et au catering. En vue de faire face à ce genre d'imprévus, la Banque du Zaïre, institution nationale d'émission, mettait à la disposition d'Air Zaïre un montant variable à justifier a posteriori, selon les destinations, la durée de la mission et la qualité des personnes impliquées.

Le PDG de la compagnie, qui accompagnait tous les vols présidentiels, remettait la mallette contenant le montant au commandant de bord, qui était tenu de justifier les dépenses à son retour. Mais cet argent ne couvrait qu'une infime partie des coûts réels d'un DC-10 affrété, estimés à 10 000 $ l'heure de vol.

Les avions appartenant à Air Zaïre, la Présidence congolaise devait normalement payer les affrètements en A.C.M.I. (Avion-Équipage-Maintenance-Assurance), ce qui n'était jamais le cas. A l'époque, la Présidence ne possédait pas d'avion en propre, jusqu'en 1988, l'année de l'acquisition du premier B-727-100.

Le 21 novembre 1973, le vol régulier Kinshasa-Rome-Bruxelles subissait un changement de route pour déposer une femme ministre à Conakry. Ce détour fut naturellement désapprouvé par les passagers, à l'annonce du changement d'itinéraire.

Au départ de Conakry, le vol s'est effectué à très haute altitude. A l'atterrissage à Rome et après les contrôles d'usage, le mécanicien navigant a signalé un trou béant entre la carlingue et le moteur numéro un, celui de gauche. Après investigation, il s'est avéré que la cavité avait été provoquée par un bloc de glace issu d'une sortie d'eau qui n'était plus chauffée, juste en-dessous du poste de pilotage. Il a fallu une nuit à Rome pour permettre à Alitalia d'effectuer les réparations.

L'incident a été rapporté à Douglas, qui a été contraint d'apporter des modifications à l'appareil, le grief ayant aussi été consigné par d'autres compagnies après des cas similaires.

Les vols présidentiels se succédaient à un rythme effréné : le 26 novembre à Alger où Mobutu était invité à la Conférence islamique, le 29 du même mois à Bangui pour les festivités de l'indépendance de la République centrafricaine et, le 8 décembre à Paris, en prélude à une visite officielle prévue le 11 décembre à Londres.

10. Visite officielle à Londres

Mon épouse se trouvant en séjour privé en Belgique et me voyant libre de mes engagements, j'ai décidé, à notre arrivée à Paris, de prendre le premier vol de la Sabena à destination de Bruxelles. Le départ pour Londres étant prévu le 11 décembre, je voulais passer 24 heures avec ma famille.

A mon arrivée à Bruxelles et à peine sorti de l'aéroport, un agent de l'ambassade du Congo m'a interpellé pour me prier de regagner Paris dans l'immédiat.

- Les ordres sont venus d'en haut, me précise-t-il.

J'ai donc repris le vol suivant à destination de la capitale française. Mais à mon arrivée à l'hôtel, mes collègues ne s'y trouvaient pas. Ce qui m'a fort intrigué.

Pourtant, de la fenêtre de ma chambre d'hôtel, j'apercevais l'avion à l'endroit même où nous l'avions garé. Par ailleurs, nous ne pouvions repartir aussi vite après nos dix heures de prestation.

Le lendemain au petit déjeuner, mes collègues me diront que le Président avait convié tout l'équipage chez lui, avenue Foch, pour un dîner qui s'était terminé fort tard.

Enfin, le 11 décembre au matin, nous étions fins prêts. Le Président Mobutu est monté à bord, s'est installé sur le siège observateur situé derrière le mien, m'a pris l'oreille avec sa main droite et, sans pourtant me faire mal, s'est mis à secouer sa proie plusieurs fois. Puis, je l'ai entendu me dire de sa voix grave :

- Commandant, qui suis-je ?

- Vous êtes le Président de la république, lui répondis-je.

- Savez-vous qu'en tant que tel, je peux être appelé à me déplacer sans préavis ?

- Oui, citoyen Président, répondis-je, tout penaud.

- Alors, c'est la dernière fois que vous vous déplacez sans mon autorisation, conseilla-t-il d'autorité.

Si j'avais pu creuser un trou et m'y cacher, je n'aurais pas hésité une seconde. Des grosses gouttes de sueur dégoulinaient de mon front, bien que nous fussions en plein hiver. Ma tension était aussi montée d'un cran.

Le Président a ensuite lâché mon oreille et, juste après, je l'ai entendu lancer :

- C'est bon, on peut y aller.

Cet incident m'a profondément marqué et je me suis rendu compte qu'il avait raison sur toute la ligne. Au cours des quinze années suivantes, pendant lesquelles j'ai eu le privilège de le piloter partout à travers le monde, je n'ai plus récidivé.

A notre arrivée à Londres Gatwick, la délégation zaïroise a pris le train jusqu'à Victoria Station, où la Reine Elisabeth devait accueillir le Président Mobutu Sese Seko, qui entamait là une visite officielle en Grande-Bretagne.

Lors de notre séjour londonien, je me suis retrouvé, au restaurant de l'hôtel, en face d'un Anglais célèbre, M. Bader, qui partageait la même passion de l'aviation que moi et qui vola comme pilote de chasse à la R.A.F. (Royal Air Force) pendant la Seconde Guerre mondiale.

Parmi les hauts faits qui ont façonné sa notoriété, il convient de signaler l'épisode où, abattu par les Allemands, il réussit à s'éjecter en abandonnant ses prothèses (jambes artificielles) dans l'avion. Rattrapé, il sera fait prisonnier par les Allemands. Mais, quelques jours après sa capture, les Anglais lui larguèrent une nouvelle paire de prothèses.

Je me présentai en lui exprimant l'admiration que j'éprouvais pour ses exploits. Pour les services rendus à son pays, M. Bader avait été anobli par Sa Majesté.

Le 18 décembre 1973, nous étions de retour à Kinshasa après avoir transité par Bruxelles, Alger, Tripoli et Le Caire.

11. Voyage avec le Président Bourguiba

Après une nuit passée à Abidjan, le commandant Ilunga et moi décollâmes pour Nouadhibou, en Mauritanie, avec pour mission d'embarquer le Président Bourguiba, qui devait y atterrir en DC-4 en provenance de Tunis, et l'acheminer à Kinshasa pour une visite officielle.

La météo de Nouadhibou n'était nullement clémente, avec un brouillard intense et une visibilité bien en-dessous de tous les minimas.

La tour de contrôle nous a informés que l'avion du Président tunisien faisait diversion sur Dakar. Nous n'avions d'autre choix que de nous y rendre. Le DC-10, beaucoup plus rapide, est arrivé dans la capitale sénégalaise quelques minutes après l'atterrissage du DC-4 présidentiel. Ce qui a modifié les prévisions quant à l'arrivée du Président tunisien à Kinshasa, la décalant de plusieurs heures.

Rapidement, nous avons commencé le transfert des bagages et des passagers à bord de notre appareil. Avant la mise en marche des moteurs, le médecin personnel du Président tunisien m'a informé que celui-ci était un peu souffrant et qu'il fallait faire particulièrement attention à son confort pendant le vol jusqu'à Kinshasa.

En effet, malgré son âge avancé, M. Bourguiba venait de passer plus de sept heures de vol entre Tunis et Dakar, dans des conditions difficiles. Le DC-4 n'étant pas pressurisé et volant à basse altitude, il était normal qu'il présentât un certain état de fatigue.

Nous avons décollé de Dakar à 13h30 GMT pour atterrir à Kinshasa vers 18h50 GMT, soit 19h50 heure locale. C'était la première fois qu'un chef d'État étranger arrivait de nuit dans la capitale congolaise pour une visite officielle. Mais, c'était pour des raisons indépendantes de sa volonté.

Durant le vol, nous étions constamment en contact avec Kinshasa pour informer les autorités de la cause du retard et du déroulement du vol. Le médecin du Président Bourguiba nous communiquait aussi l'état de santé de son patient.

A notre arrivée à destination, le tarmac de l'aéroport de Ndjili ressemblait davantage à une kermesse, tellement il était noir de monde, mobilisé pour la circonstance par l'Animation politique, la célèbre MOPAP du MPR, au grand désespoir des agents de sécurité des deux chefs d'Etat.

Le voyage du Président tunisien a été d'un tel confort, sans le moindre incident, qu'il a débarqué de l'avion frais et dispos. Nous avons pris congé de notre illustre hôte, avant que celui-ci ne rejoigne son homologue zaïrois au pied de la passerelle.

12. Zaïrianisation et incidents à répétition

a. Crash du DC-10 turc

Avant le premier vol présidentiel en Chine avec le DC-10, qui fut le premier Jumbo à se poser au pays de Mao Tsé-toung, vers la fin de l'année 1974, le Président Mobutu nous a annoncé qu'il allait prendre une importante mesure en rapport avec l'économie du Zaïre et qu'il entendait nous voir en profiter. Nous lui avons répondu qu'il nous sera plutôt difficile d'en jouir compte tenu de nos nombreux déplacements en dehors du pays.

Quelques semaines plus tard, le Président zaïrois annonça sa décision de nationaliser les entreprises étrangères établies dans son pays. Ce qui fut dénommé « la zaïrianisation ». Cette mesure, lourde de conséquences, allait contribuer en quelques années à peine à la ruine de l'économie de ce beau pays.

En effet, des milliers de Zaïrois, sans aucune expérience des affaires et sans formation adéquate, se sont retrouvés du jour au lendemain à la tête des entreprises dont ils ne connaissaient ni les tenants ni les aboutissants.

Certains commencèrent par en vider les comptes en banque et utiliser l'argent disponible pour leurs propres besoins, ignorant totalement qu'une entreprise se gère. Il en est résulté la fermeture de beaucoup d'entre elles à cause de la mauvaise gestion et du non payement des salaires, entre autre.

En conséquence, les étrangers ont totalement perdu la confiance en ce pays et ont commencé à délocaliser leurs biens. C'est dans ce contexte, et sans avoir rien demandé, que je me retrouvai sur la liste des acquéreurs, comme l'avait souhaité le Président zaïrois.

La veille de mon départ pour Munich via Paris, je reçus une convocation du Ministère du Commerce, qui me présenta une liste sur laquelle figuraient les entreprises « zaïrianisées ». J'ai coché Probelco, la deuxième quincaillerie du Zaïre en importance et appartenant à la famille belge Bekaert.

J'ai demandé à un ami du nom de Gracis de s'occuper de la passation de pouvoir avec le gérant, mais en insistant sur le fait qu'il ne fallait rien changer jusqu'à mon retour.

J'ai quitté Kinshasa à destination de Paris, à bord d'un vol régulier, pour prendre possession du DC-10 qui était immobilisé chez UTA Industries pour le montage d'un salon VIP fabriqué aux États-Unis et valant plus ou moins 5 millions de dollars.

Le 9 février 1974, après avoir réceptionné l'avion, nous avons rejoint le Président qui se trouvait à Munich. Le lendemain, nous avions débuté une longue tournée de près d'un mois, qui nous a conduits à Riyad (Arabie Saoudite), au Koweït, aux Émirats Arabes Unis, au Caire et ensuite à Téhéran.

A notre arrivée dans la capitale iranienne, nous avons été présentés à Sa Majesté le Shah et la Shabanou. J'ai remarqué que celle-ci était d'une beauté incomparable. Mais le séjour à Téhéran m'a dégoûté du caviar, qui était servi matin, midi et soir.

Le 3 mars 1974, alors que nous étions encore à Téhéran, la presse annonça le crash du DC-10 de Turkish Airlines, survenu dans la forêt d'Ermenonville près de Paris, tuant 346 personnes.

Le Président, très inquiet, nous a demandé s'il était sage de continuer le voyage avec le DC-10. Nous lui avons répondu que la décision d'arrêter l'avion incombait aux autorités aéronautiques américaines et que le fait de connaître les causes de ce crash, car elles furent rapidement dévoilées, nous rassurait sur la fiabilité de l'appareil. En effet, la personne qui avait fermé la porte de la soute arrière avait dû s'y prendre à plusieurs reprises. Mais le scénario de l'effondrement du plancher passager à l'arrière de la cabine avait rendu l'avion incontrôlable.

Loin de moi l'idée de juger qui que ce soit. Mieux, j'attribue le bénéfice du doute aux collègues morts dans cet accident. Mais une chose est sûre, c’est que la mort de ces trois-cent-quarante-six personnes a permis de faire du DC-10 l’un des avions les plus sûrs qu'il me soit permis de piloter.

En effet, mis au banc des accusés par l'opinion et sous la pression et le contrôle de la F.A.A., Douglas a trouvé une solution simple qui a nécessité un renforcement du plancher, par l'injonction de trous de décompression ainsi que quelques changements dans la conception et la procédure de la fermeture de la porte de la soute arrière. Le retour à Kinshasa a eu lieu dans l'après-midi du 6 mars 1974.

Le lendemain, je me suis présenté pour la toute première fois à Probelco, mon acquisition aux termes de la zaïrianisation, afin de finaliser les relations que j'allais désormais entretenir avec le gérant, M. Bostyn, ainsi que son comptable, M. Maes. Le personnel, inquiet, attendait le verdict de la rencontre.

Les deux cadres de l'entreprise m'ont appris qu'ils ont souffert le martyre pendant tout le temps qu'a duré mon absence de Kinshasa, soit près d'un mois. Je les ai rassurés en leur promettant de ne rien changer quant aux structures de la société, ayant d’autres chats à fouetter que de me mêler de leur gestion.

J'ai également demandé de rencontrer l’ancien propriétaire afin de l’assurer de ma collaboration et de ma protection, ajoutant même que je n'avais rien demandé et que le sort aurait pu tomber sur quelqu'un d'autre.

- Officiellement, je suis le nouveau propriétaire, mais en réalité, rien n'a changé, avais-je conclu. Mis à part un salaire symbolique que j'allais percevoir chaque fin du mois, soit 500 Zaïres (600 $ en 1974). Après la réunion, M. Bostyn m'a présenté au personnel, qui m'a réservé un accueil chaleureux.

Un mois plus tard, accompagné de Bostyn, je me suis rendu à Wevelgem, en Belgique, pour ma rencontre avec M. Bekaert, grand homme d'affaires et propriétaire de plusieurs usines en Belgique et de par le monde.

J'ai été reçu dans sa superbe habitation et, après un repas copieux, mon hôte m'a convié à un entretien en tête-à-tête, au cours duquel il m'a avoué avoir été agréablement surpris par mon comportement. Et d'ajouter que si tous les Zaïrois avaient agi de la sorte, la zaïrianisation aurait été une réussite.

Avant de nous quitter, il m'a offert une bouteille de vin rouge de trente ans d'âge. Mais il m'a aussi assuré que je pouvais me considérer comme un associé dans son affaire au Zaïre.

Quelques mois plus tard, j'ai à mon tour reçu la petite-fille de M. Bekaert, venue passer quelques jours de congé à Kinshasa avant son mariage à Wevelgem, où mon épouse et moi étions associés en qualité d'invités d'honneur. Je n'oublierai pas de sitôt la merveilleuse soirée qui a clôturé l'événement et qui me rappelle le coup de fil de M. Bekaert, insistant pour que je m'habille absolument en smoking.

A l'époque, les Zaïrois n'étaient plus autorisés à porter des costumes et cravates, mais devaient arborer la tenue nationale, appelée « abacost ». Ainsi, pour éviter d'être mal compris par le pouvoir de Kinshasa, j'ai téléphoné à M. Jean Seti Yale, alors haut responsable de la Sécurité congolaise, afin d'obtenir une dérogation, qui m'a été accordée.

- Nous devons nous aussi respecter l'authenticité des autres, m'avait-il dit.

J'allai donc chez John Kennis, à la porte de Namur à Bruxelles, pour louer le costume que j'ai porté pendant cette magnifique soirée.

De mes quinze ans de collaboration avec M. Bekaert, le seul changement intervenu était celui du nom de l'entreprise, qui passa de Probelco à Probelkin (Produits belges à Kinshasa).

Dès l'annonce du départ en pension de Bostyn et Maes, nous avons décidé de vendre l'entreprise, l'économie zaïroise allant visiblement mal.

Oui, la zaïrianisation avait mangé le beurre et l'argent du beurre. Les initiateurs de cette mesure avaient, à mon avis, commis un crime économique car, comment justifier que l'on attribue une entreprise à un irresponsable, qui ne le mérite pas et ce, sans contrepartie ?

La zaïrianisation fut un échec parce que, comme partout en Afrique noire, les décisions prises par les dirigeants sont davantage politiques et ne tiennent pas compte des conséquences à moyen et long terme.

Le Congo-Zaïre est plein de techniciens formés dans des meilleures universités européennes, américaines et nationales, mais le chef, quel qu'il soit, se croit investi d'un pouvoir surnaturel. Il estime tout savoir, ne consulte personne et décide de tout sans objectif défini ni stratégie. Il ne tient pas non plus compte des structures existantes, mais agit selon ses humeurs.

Entre les années ‘64 et ‘85, certains dirigeants africains avaient le droit de vie et de mort sur leurs concitoyens, allant jusqu'à organiser des procès de mascarade dans le but de se débarrasser de leurs opposants. L'Occident fermait les yeux, puisque la plupart de ces dirigeants étaient leurs protégés.

Il y avait deux camps, d'obédience capitaliste d'un côté et, de l'autre, communiste. Tant que le dirigeant défendait « la bonne cause », il pouvait tout se permettre. Aussi, dès qu'il se sentait sur le point d'être lâché, il utilisait le chantage pour se maintenir.

Le Zaïre était de ceux qui s'étaient donné des structures communistes tout en fonctionnant comme un pays capitaliste. D'ailleurs, ce pays n'était-il pas le denier bastion capitaliste en Afrique, au même titre que l'Afrique du Sud raciste ?

Officiellement, ces deux pays africains étaient en opposition, mais en coulisse, ils collaboraient dans beaucoup de domaines. Ainsi, les dirigeants zaïrois, dotés de deux passeports, se rendaient à Pretoria avec l'un et dans d'autres capitales du monde avec l'autre sans y être inquiétés. A l'époque, les passeports avec un visa sud-africain étaient prohibés dans les pays dits progressistes, à cause de l'apartheid pratiqué par Pretoria.

De même, le Zaïre était le seul pays africain à être intervenu militairement en Angola pour défendre la cause capitaliste, au moment où l'Afrique du Sud s'occupait de la partie méridionale de ce pays. L'arrivée des troupes cubaines, fortes de milliers d'hommes, a mis fin à cette aventure zaïroise.

Au Zaïre, plus de 30 % de la population était sans emploi et ne mangeait pas à sa faim. Il était dès lors difficile de lui imposer quoi que ce soit. Et si, en lieu et place de la zaïrianisation, l'État avait demandé aux hommes d'affaires étrangers de se choisir un associé zaïrois, son économie ne se serait sûrement pas écroulée.

La « rétrocession », une mesure imaginée afin de pallier à l'échec, n'a rien arrangé, car le mal s'était déjà incrusté. En effet, on n'apprend pas à être gestionnaire en un tour de magie. C'était inexorablement le début de la fin.

De même, lorsque les étudiants ont manifesté suite à la suppression de certains de leurs droits, les autorités ont, en réponse, décidé de nationaliser les écoles et les universités pour pouvoir contrôler tout ce qui touchait à l'enseignement. Ce qui a entraîné la suppression des cours de morale et de religion, avec pour conséquence le manque d'étique constaté aujourd'hui.

Dans tous les campus, l'État avait injecté, sous la couverture d'étudiants, des agents spéciaux dont le rôle consistait à manipuler, contrôler et surtout museler les fortes têtes. L'état a ensuite imposé le système de quotas destiné à favoriser certains groupes ethniques au détriment d'autres, moins dociles.

C'est ainsi qu'a débuté la lente agonie des écoles et universités zaïroises. Dans la foulée, la plupart des étudiants étrangers ont commencé à déserter les universités zaïroises. La situation est apparemment pire aujourd'hui, où les écoles manquent de tout, les élèves devant tout apporter et souvent suppléer eux-mêmes au paiement de leurs enseignants.

b. Deuxième DC-10-30

Le 5 juin 1974, j'embarquai à bord d'un vol régulier d'Air France qui assurait la liaison Paris-Los Angeles, accompagné de mon directeur des opérations, le commandant Watson, pour la réception du deuxième DC-10-30 de la compagnie nationale congolaise, immatriculé 9Q-CLT.

Les vols d'acceptation ont été organisés du 18 au 22 juin. Ensuite, pour faire plaisir aux étudiants zaïrois des USA et d'Europe, Kinshasa avait décidé de leur offrir, à l'occasion du retour du DC-10 au Zaïre, un voyage gratuit pour leurs vacances au pays, avec trois points de ramassage : New York, Paris et Bruxelles. Le 26 juin, nous avons décollé de Long Beach Californie, à destination de New York, en marge de notre retour.

Pendant le temps d'escale, j'ai décidé de faire plaisir à Marie-José, mon épouse, en lui procurant une belle montre au Free shop de l'aéroport. Par respect pour la réglementation douanière de JFK, le vendeur m'a certifié qu'elle me sera livrée à bord quelques minutes avant la fermeture des portes de l'avion. Ce qui fut fait, sous emballage cadeau.

Deux heures après le décollage, à destination de Paris, je me suis rendu compte de la supercherie, alors qu'on était en plein milieu de l'Océan atlantique. En effet, en déballant le paquet, j'ai réalisé qu'il était vide et que je m'étais fait avoir. Je fulminais de rage, mais je n'y pouvais rien. Jusqu'à notre arrivée à Kinshasa, il n'y a plus eu d'autres incidents du genre.

c. « Air Peut-être »

Les vols spéciaux alternaient avec les vols réguliers. Par ailleurs, Air Zaïre couvrait neuf villes européennes avec ses deux appareils DC-10, son B-747-100 et ses quatre DC-8 dont deux cargos.

A partir de 1974, les vols spéciaux ont pris de l'ampleur. Le gouvernement réquisitionnait les avions long-courrier, souvent sans préavis.

Dans ce cadre, à l'exception des vols présidentiels programmés, l'Etat propriétaire prenait les avions parfois à quatre ou cinq heures du départ d'un vol régulier. L'opinion publique a commencé à dénoncer cette attitude irresponsable des autorités. C'était le début du sobriquet « Air Peut-être » qui allait coller à la peau de la compagnie jusqu'à l'arrivée de la gestion UTA (Union des Transports aériens), en 1986.

Un mois après la nomination de M. Decernon à la tête d'Air Zaïre en qualité de PDG, un incident, que nous évoquerons dans les lignes qui suivent, est survenu entre la direction de la compagnie et la Présidence de la république. Le malentendu s'est soldé par le renvoi de M. Decernon, deux ou trois mois seulement après sa prise de fonctions.

Le contrat liant UTA au gouvernement congolais pour la gestion d'Air Zaïre stipulait qu'aucun affrètement d'avion ne pouvait s'effectuer sans respecter un délai de vingt-quatre ou quarante-huit heures. Le but était de permettre à la compagnie de trouver une solution de rechange pour ses passagers, qui pâtissaient d'annulations, pour cause d'affrètement ou de réquisition.

Le refus de M. Decernon de céder un avion à l'État, pour non-respect des clauses contractuelles, lui a coûté son poste, malgré l'appui des agents de la société, face aux immixtions répétées des autorités politiques dans la gestion quotidienne de la compagnie.

Pour comprendre le ras-le-bol des agents et de la direction de l'entreprise Air Zaïre, il convient de relever que de septembre à décembre 1974, les vols spéciaux ont totalisé plus ou moins 35 jours d'immobilisation du DC-10, sans la moindre contrepartie pour la société, qui finançait à 50 % les coûts de ces vols. Totalement contraire à la mission commerciale de l'entreprise, cette manie devenait inadmissible. A titre d'exemples, nous citerons les déplacements suivants :

- Le 14 septembre 1974 : Vol VIP sur l'Ile de Sal où le Président devait rencontrer son homologue portugais Spinola à propos de l'Angola ;
- Le 28 du même mois : Vol VIP sur Dar Es Salaam, en Tanzanie ;
- Le 11 octobre 1974 : Vol VIP sur Luanda, en Angola ;
- Le 21 octobre 1974 : Vol VIP sur Lubumbashi au Katanga et Lusaka, en Zambie ;
- Du 5 au 24 décembre 1974 : Vol VIP sur la Chine et la Corée.

13. Visite officielle en Chine et en Corée du Nord

Le 5 décembre 1974, après un vol d'acceptation de l'avion, nous avons décollé de Kinshasa avec un équipage renforcé, à destination de Nairobi.

Après avoir embarqué un haut fonctionnaire des Affaires étrangères œuvrant à l'ambassade du Zaïre au Kenya, nous nous sommes envolés pour Bombay, où nous attendaient trois Chinois dépêchés par Pékin pour nous encadrer lors de ce vol. Il s'agissait d'un agent radio, d'un navigateur et d'un interprète. Il faut rappeler qu'en 1974, la Chine, avec à sa tête le Président Mao Tsé-toung, était encore un pays fermé au monde.

Je me rappelle, quelques semaines plus tôt, le Président Mobutu annonçant en grande pompe, au Stade Tata Raphaël de Kinshasa, sa visite officielle en Chine. A cette occasion, il a présenté à la population l'homme qui avait négocié en secret avec les Chinois, en l'occurrence M. Edouard Mokolo, chef de la Sûreté.

La surprise était totale. En effet, jusqu'à la veille du meeting, la Chine était considérée comme un pays ennemi, qui finançait les rebellions à l'est du Zaïre.

Le 7 décembre au matin, deux heures avant le décollage de Bombay pour Shanghai, les agents commis à la sécurité de l'avion présidentiel ont arrêté un individu suspect, sans autre précision, lequel tentait de monter à bord de l'appareil. Il fut remis aux autorités indiennes.

Quant aux trois Chinois, nous les avons informés des possibilités du tout nouveau système de navigation du DC-10, précisant qu'indépendamment des systèmes conventionnels VOR et ADF, l'appareil était doté de trois plateformes à inertie qui fonctionnaient de manière autonome.

L'avion disposait également de trois postes de radio VHF et de deux postes HF. Aussi, en cas de problème ou d'incompréhension, nous ferions appel au radio ou à l'interprète chinois.

Comme le Président Mobutu avait l'habitude de voyager dans le poste de pilotage, malgré son magnifique salon VIP, il n'y avait plus de place disponible dans le cockpit.

C'était la première fois que je pilotais le DC-10 avec tous les modules au complet : salon privé, salle de conférence, chambre à coucher, salle de douche et salle à manger. La partie arrière de l'avion était destinée à accueillir les journalistes ainsi que la suite présidentielle.

Personne ne peut dire aujourd'hui ce qu'est devenu ce salon VIP, qui a coûté une fortune. Mais l'on sait qu'UTA, qui le gérait, a été rachetée par Air France. Le salon présidentiel, pourtant d'une grande beauté, n'a jamais réellement attiré le Président Mobutu, qui préférait de loin le cockpit. Une seule fois l'ai-je vu se retirer dans l'un de ces modules, pour un temps qui n'a pas excédé une heure et trente minutes. Je n'ai jamais su expliquer ce comportement.

Après le décollage de Bombay pour Shanghai et durant les cinq heures et quarante-cinq minutes de vol, nous n'avions pas cessé de nous poser des questions sur ce qui perturbait notre radar de bord dès que nous avions pénétré l'espace aérien chinois. C'est par hasard que nous avons découvert le balai des chasseurs chinois qui nous suivaient à haute altitude et qui se relayaient au fur et à mesure de la progression de notre avion.

C'est aussi pendant ce trajet que mon collègue Ilunga a battu son record de vitesse sol, avec plus de 700 nœuds, grâce à un formidable vent arrière. Pendant près de deux heures, notre vitesse sol dépassait les 1 100 km/h. C'était la première fois qu'un gros porteur allait se poser en Chine. Aussi, le contrôleur chinois n'arrêtait pas de nous demander de confirmer notre vitesse.

Pour permettre la sortie des passagers, les Chinois avaient modifié quelques escaliers, suite aux échanges d'informations relatives à l'avion, spécialement son poids maximum au décollage et à l'atterrissage ainsi que sa longueur et sa hauteur pour les portes.

Au moment de l'atterrissage, une jeep de l'armée était garée à coté de la piste. Après notre passage, elle s'est dirigée vers le point d'impact afin de constater les dégâts occasionnés sur la piste. Peine perdue, puisque nous nous sommes posés en douceur, comme à l'accoutumée.

Mais il convient d'admettre que le DC-10 était un appareil d'une majesté incomparable. Ainsi, son apparence réellement imposante contribuait sûrement à la peur qu'elle procurait aux personnes non initiées.

a. Pyongyang

Le 9 décembre au matin, l'équipage était dans l'avion pour préparer la suite du voyage vers Pyongyang. Malheureusement, un problème s'est posé. Les cartes de navigation Jeppesen ne contenaient aucune information sur la route entre Shanghai et Pyongyang. Un secret bien gardé, à cause de la proximité de la Corée du Sud.

En effet, la frontière entre les deux Corées a toujours été considérée comme la plus explosive au monde, les deux pays étant constamment sur le pied de guerre. Même aujourd'hui, la Corée du Nord, un pays également fermé au monde, dispose de millions d'hommes sous le drapeau en alerte permanente, le doigt sur la gâchette.

Pour obtenir les informations sur la route nous imposée, spécialement les coordonnées géographiques des points de passage, il fallait s'adresser aux autorités chinoises. Malgré la présence d'un chef d'État invité par eux, on devait absolument avoir l'autorisation expresse de Pékin.

Après une heure d'attente, les coordonnées nous ont enfin été transmises. Nous avons ensuite décollé de Shanghai, pour un vol de 2h45, à destination de Pyongyang, où le Président Mobutu devait débuter une visite officielle de six jours.

L'approche à l'aéroport coréen fut difficile, à cause des mauvaises conditions météorologiques. C'était presque l'hiver. Il y avait des nuages bas et une visibilité réduite. La seule aide à l'atterrissage consistait à un ADF placé dans l'axe de la piste mais dans un environnement hostile. D'habitude, les pilotes n'affectionnent pas les approches ADF par mauvais temps.

Après l'atterrissage, je me suis retrouvé à moins d'un mètre du Président Kim Il Sung. Il était très jovial et souriait tout le temps. Je fus cependant intrigué par un gros hématome sur la partie arrière de son cou.

Tout au long du parcours entre l'aéroport et la ville, des milliers de personnes, presque hystériques, criaient à tout rompre tels des robots, en agitant des étendards, dans une mise en scène savamment huilée. Ils y avaient été parqués tôt le matin.

A l'arrivée dans la capitale, on plaça l'équipage dans ce qui semblait être un hôtel, avec impossibilité de fermer la porte de sa chambre de l'intérieur. On colla à l'équipage un interprète, également du nom de camarade Kim.

L'argent était inexistant sur place. Les gens étaient logés, nourris, soignés et éduqués gratuitement. C'était une expérience extraordinaire que d'être confronté à des êtres humains sans émotion, sans personnalité propre, mais conditionnés à outrance, avec un seul but : la reconquête de la Corée du Sud et l'unité des deux entités, l'ensemble sous la houlette du « Guide éclairé et bien aimé du peuple coréen », Kim Il Sung.

Dans tous les discours, l'expression « guide éclairé et bien aimé » revenait inexorablement. Lors de la visite d'une école, j'ai assisté au conditionnement dont les enfants étaient les cibles. Toute la vie en Corée du Nord tournait autour du maniement des armes, des cris d'assaut, du simulacre de débarquement par train ou par bateau et de la reconquête de la partie sud de la péninsule.

Aussi, dès leur plus jeune âge, tous les enfants étaient enlevés à leurs parents et confiés à l'État, qui était chargé de leur éducation, en clair leur conditionnement. Par conséquent, ils n'avaient plus pour père que le « Guide éclairé et bien aimé du peuple coréen ».

En 1974, la Corée du Nord était le seul pays au monde où je n'ai pas vu d'argent. Il était ainsi impossible d'acheter quoi que ce soit. De même, il n'y avait ni crime, ni viol, ni même commerce. C'était un véritable paradis rouge sur cette terre des hommes.

Comme conséquence normale, de tous mes voyages à l'étranger, la Corée du Nord fut le seul pays qui ne m'a pas permis de ramener un quelconque souvenir.

Lors du banquet offert par le camarade Kim Il Sung, le Président Mobutu présenta à l'assistance, médusée, le premier Zaïrois à être nommé ambassadeur extraordinaire et plénipotentiaire en Corée du Nord. Il s'agissait de François Kimasi Matuika, le fameux diplomate embarqué à Nairobi, aujourd'hui décédé. Le Palais du peuple explosa sous les applaudissements, M. Kimasi s'inclinant en signe de salutation et de remerciement.

Pendant notre séjour coréen, il faisait tellement froid que nous étions obligés, par deux fois, de nous rendre à l'aéroport afin de prendre soin de l'avion.

A l'exception de notre interprète, le camarade Kim, aucun autre Coréen n'avait le droit de nous adresser la parole. Cela ne servait à rien d'essayer, puisqu'ils n'avaient ni le droit de penser ni celui de s'exprimer.

Enfin, le 16 décembre, l'équipage au grand complet salua les Présidents Mobutu et Kim Il Sung au pied de l'avion, avant de prendre place dans le cockpit pour le départ à Pékin. Mobutu et Kim Il Sung se tenaient par la main, alors que l'ambassadeur Kimasi, entouré d'autres diplomates étrangers des pays communistes, était debout, légèrement en retrait.

En serrant la main du Président Mobutu, j'ai vu que celui-ci arborait un insigne à sa propre effigie, avec le drapeau du M.P.R. (Mouvement populaire de la Révolution), le parti-État. C'était une première pour moi, comme pour la plupart de mes collègues. Le port de cet insigne deviendra obligatoire pour tous les Zaïrois, quelques semaines plus tard.

Dès la fermeture des portes de l'avion, l'ambassadeur Kimasi réalisa qu'il se retrouverait seul Noir présent dans toute la Corée du Nord après notre départ de Pyongyang. Ne pouvant maîtriser ses émotions, il s'est mis à pleurer. Le Président avait aussi remarqué les larmes qui coulaient des joues de son ambassadeur. Il s'adressa à nous en disant : « C'est dur pour lui, mais ça ira ». Une façon de se donner bonne conscience.

Ce fut ensuite le tour du Président Kim Il Sung de tenir la main du nouvel ambassadeur zaïrois pour le consoler, avant de s'éloigner ensemble de l'avion.

b. Retour en Chine

Deux heures après le décollage de Pyongyang, le DC-10 atterrissait à Pékin, où le Premier ministre Shu En Lai attendait le Président Mobutu Sese Seko pour sa première visite officielle en Chine.

Pendant sept jours, nous avons eu droit à un accueil beaucoup plus naturel qu'en Corée du Nord. Les entrevues et les visites de sites alternaient avec les banquets à Pékin, à Canton et dans d'autres villes chinoises que nous avons visitées.

Seuls quelques proches du Président Mobutu ont eu le privilège de serrer la main du grand timonier, le Président Mao Tsé-toung. Ainsi, comme les autres membres de la délégation zaïroise, j'ai suivi toute la cérémonie de la rencontre entre les deux Présidents à la télévision. L'événement était aussi retransmis en direct à Kinshasa et, par relais, au reste du Zaïre.

Il est très difficile d'expliquer l'émotion que nous ressentions dès le début du survol de l'espace aérien chinois. A l'époque, la Chine était considérée comme un autre monde. C'était comme se déplacer vers une autre planète.

Toute la délégation, y compris le Président, avait les yeux rivés aux hublots du DC-10, admirant avec surprise et étonnement le défilement du merveilleux paysage chinois. C'était si émouvant de constater que personne ne prononçait un mot. A part les échanges radio entre la tour de contrôle chinois et nous, on pouvait entendre voler une mouche.

Les Chinois étaient réellement sympathiques et, contrairement aux Coréens, ils nous laissaient le choix entre leur cuisine et la cuisine occidentale. Nous avions même appris quelques mots de la langue chinoise. Nos collègues de l'aviation civile nous ont fait l'honneur de nous inviter au Pékin Duck, un restaurant où l'on sert les meilleurs canards laqués du monde.

Notre séjour chinois a été pourtant marqué par un incident zaïro-zaïrois de triste mémoire, avec de multiples rebondissements.

c. Le cas du Major K

Une triste histoire que celle du major K des Forces armées zaïroises, qui a gâché sa carrière pour s'être amouraché d'une hôtesse de l'air. Il s'agit là de l'initiale de son vrai nom. Vous comprenez pourquoi.

En effet, un des officiers d'ordonnance du Président, le major K, diplômé de l'Académie militaire de Sandhurst en Angleterre, commit une lourde faute en amenant, incognito dans sa chambre, sa copine hôtesse de l'air, qui faisait partie de l'équipage, alors qu'il était de service à la résidence du Président, où il devait passer la nuit.

Informé, certainement par les services spéciaux, le Président décida du retour immédiat du major à Kinshasa, où il a été mis aux arrêts.

A notre arrivée au Congo, le major K a été renvoyé de l'armée sur décision de la hiérarchie. Il a ensuite tenté de reprendre une vie normale, mais en vain.

En effet, chaque fois que l'infortuné trouvait du travail dans une quelconque entreprise, un ordre émanait d'en haut intimant la société de le congédier et l'ex-major se retrouvait ainsi au chômage. Après moult tentatives, l'intéressé a compris qu'il ne pourrait plus jamais vivre normalement.

A cette époque, toute activité au Zaïre était subordonnée à l'aval du parti unique. D'ailleurs, ne lisait-on pas sur des grands panneaux : « Le Mouvement populaire de la révolution d'abord, le reste immédiatement après ».

Poussé à bout, le major commença à vivre en paria, organisant quelques hold-up, jusqu'au jour où il fut arrêté et incarcéré à la gendarmerie de Yolo Sud, à l'est de Kinshasa.

J'étais écœuré par cette façon d'agir des autorités, qui empiétait sur la dignité et les libertés individuelles. Informé par un ami architecte du nom d'Ortolani, je me précipitai vers l'endroit de sa détention. A ma vue, le major a éclaté en sanglots, en me disant :

- Simon, voilà ce qu'ils ont fait de moi.

Je n'ai plus jamais revu le major K depuis ce fameux soir à la gendarmerie. Certains disent qu'il est décédé, d'autres qu'il est vivant et a complètement changé de vie. Quant à l'architecte Ortolani, il est mort de maladie, tandis que l'immeuble de dix étages qu'il construisait pour le compte d'un proche du Président, en face de la Banque commerciale zaïroise (B.C.Z.) sur le Boulevard du 30 juin à Kinshasa, est resté inachevé depuis plus de vingt ans. Le vaste espace arrière prévu pour le parking a été vendu et abrite aujourd'hui une série de terrasses à boissons.

d. Bilan du voyage en Corée et en Chine

De la visite officielle effectuée par le Président Mobutu en Corée du Nord, les Zaïrois ont hérité de l'insigne du parti à l'effigie du Président Mobutu, devenu dès le retour de la délégation zaïroise à Kinshasa, *« le Président-Fondateur du MPR, Président de la République »*.

Aussi bien dans les discours officiels que dans les articles de presse, il fallait, avant de citer le nom du Président, mentionner l'entièreté de l'expression. Au cas contraire, les représailles n'étaient pas exclues. On avait amorcé le processus de la déification du chef.

Quant au périple en Chine, les Zaïrois ont ramené « l'esprit de Yukong », qui cadrait mal avec la culture bantoue. Basé sur le travail en groupe, non rémunéré, en flagrante contradiction avec l'esprit zaïrois du lucre, il essuya un cuisant échec.

Le début des désillusions : on tournait le dos au Manifeste de la Nsele, l'acte fondateur du MPR, pour rendre un culte au chef. Ici, une manchette de l'Hebdomadaire *Zaïre*

Pourtant, la coopération chinoise s'est révélée l'une des plus fructueuses qu'ait connues le Congo-Zaïre, au point que Mobutu effectua quatre voyages en Chine. Plusieurs projets ont ainsi été entrepris avec succès, les Chinois réussissant souvent leur coopération mieux que les Occidentaux, de l'avis des Africains.

A ce propos, je peux notamment citer la ceinture verte aménagée autour des grandes villes zaïroises, le Palais du peuple, un stade de 80 000 places à Kinshasa, la réhabilitation de l'ex-CCIZ transformé en hôtel cinq étoiles baptisé « Hôtel du Fleuve » ainsi que l'érection des hôpitaux, avec une présence discrète des médecins chinois.

Depuis les années 2010 d'ailleurs, les Chinois ont investi quasiment tout le continent africain dans cette optique, entreprenant des grands travaux de rénovation et de construction, aussi bien de routes que d'immeubles jadis désaffectés mais aussi réussissant à créer des villes modernes comme en Angola.

Au contraire de celles des Chinois, les aides occidentales sont souvent détournées par millions entiers, au profit de certains dirigeants, qui les planquent dans les banques des pays donateurs, sans le moindre remord. Il a fallu attendre plus de quarante ans d'indépendance des pays africains pour que l'Occident commence à ouvrir les yeux – les bons ? – et à s'interroger pourquoi l'économie africaine ne démarre pas aussi facilement, malgré tant d'argent englouti.

14. Objet volant non identifié

Le 25 mai 1975, lors d'un vol régulier Bruxelles-Rome-Kinshasa, alors que nous survolions le désert libyen, dans les environs de Sheba, mon attention fut attirée par un disque lumineux d'une blancheur immaculée, très haut dans le ciel du coté gauche de l'avion. De cet objet émanait un puissant faisceau laser qui terminait sa course sur l'avion. Il était près de 3 heures du matin, sous une nuit noire.

Surpris, j'ai demandé à mes deux collègues de confirmer ce que je voyais. Après m'avoir répondu par l'affirmative, nous nous sommes demandé quelle pouvait être l'origine du phénomène et pourquoi le faisceau était collé à nous.

J'ai refusé de prévenir les passagers comme le proposait mon copilote, pour la simple raison que la plupart d'entre eux dormaient et qu'il ne fallait surtout pas les angoisser. A un certain moment, nous avions cru qu'il s'agissait d'un satellite de surveillance.

Dès que le contact a été établi avec le centre d'information de vol de Fort Lamy, actuellement Ndjamena, j'ai signalé l'incident et demandé au contrôleur de vérifier et de confirmer le phénomène, en levant les yeux vers le ciel en direction du nord, de préférence avec des jumelles.

Le contrôleur m'a rappelé quelques minutes plus tard pour confirmer qu'il voyait un genre de faisceau émanant d'un disque lumineux. Je lui ai répondu que celui-ci était sur nous depuis près d'une heure et que nous ne savions pas de quoi il s'agissait.

- J'informe le responsable et je vous rappelle, me dit-il.

A la verticale de Fort Lamy, je n'avais toujours pas de réponse à ma question. Mais le phénomène s'est estompé dès le lever du jour. A l'arrivée à Kinshasa, j'ai omis de faire mention de l'incident dans mon rapport, ne sachant comment expliquer ce qui s'était déroulé et afin de ne pas être pris pour un imbécile.

Quelques semaines plus tard, alors que je subissais mon contrôle professionnel semestriel, sous la supervision du chef pilote Gleen Schnelle, je lui ai raconté l'incident du disque lumineux. En réaction, il m'a gratifié de la plus cinglante engueulade. A son avis, il fallait absolument que je relate l'événement dans mon rapport, comme d'ailleurs tout autre incident pouvant survenir au cours d'un vol. A cela j'ai rétorqué :

- Comment voulez-vous que je vous parle d'un phénomène que je ne maîtrise pas ?

Il m'a menacé de sanctions, avant de m'enjoindre de consigner, à l'avenir, tout incident si banal soit-il.

Pendant longtemps, j'ai été hanté par cette apparition, à laquelle je n'ai jamais trouvé d'explication rationnelle jusqu'au moment de rédiger ces lignes.

15. Voyage avec Mohamed Ali

En 1975 eut lieu à Kinshasa « le Combat du siècle », qui opposa Mohamed Ali à George Foreman. J'ai eu l'honneur d'être l'invité privilégié de Mohamed Ali. Celui-ci avait toutes les faveurs des pronostics de la population zaïroise, qui s'identifiait à lui, alors que pour les spécialistes, George Foreman était le vainqueur tout indiqué.

Foreman, qui avait aligné plus d'une vingtaine de victoires avant la limite, était d'une force telle qu'aucun spécialiste, ou presque, ne pouvait risquer de miser un cent sur une probable victoire d'Ali. En effet, tout le monde avait en mémoire ses faciles victoires, toutes remportées par K.O., aussi bien sur Ken Norton et George Frazier, deux boxeurs qui avaient donné du fil à retordre à Ali.

Au cours du combat, j'étais à quelques mètres du ring et pouvais voir les différentes expressions des visages des deux boxeurs. Acculé contre les cordes, Ali encaissait coup sur coup. Je sentais qu'il souffrait énormément.

Parfois Ali parlait dans le creux de l'oreille de Foreman, alors que ce dernier ne faisait que cogner, encore et encore. Mais Ali, qui semblait accuser le poids de l'âge, utilisait les cordes pour amortir la puissance du punch de son redoutable adversaire. Dès le quatrième round, les spectateurs avaient senti l'animal faiblir. Le stratagème d'Ali avait fonctionné. Petit à petit, il a commencé à prendre le dessus sur un Foreman, tenant du titre, habitué à boucler ses combats avant la fin du troisième round.

Le coup fatal, qui a envoyé George Foreman au tapis, intervint au 8e round, démentant tous les pronostics et plongeant spectateurs et téléspectateurs dans l'étonnement, mais en même temps, dans l'admiration devant cet athlète exceptionnel qui venait ainsi de mettre fin au mythe de l'invincibilité de Foreman.

Ali a ainsi commencé à vociférer et à sautiller, déclarant à qui voulait l'entendre qu'il était le plus fort, le plus beau. De leur côté, les Kinois scandaient : *« Ali boma ye, Ali boma ye »* (Ali, tue-le). Autant la soirée était inoubliable, autant l'homme était réellement le plus grand et le plus fort.

Je me suis rappelé ma première rencontre avec le célèbre boxeur, six semaines auparavant, à l'aéroport de Paris-Charles de Gaulle. En effet, j'effectuais un vol régulier Bruxelles-Paris-Kinshasa. Après l'atterrissage en provenance de Bruxelles National, l'équipage technique a été invité à saluer Mohamed Ali, qui donnait une conférence de presse dans une salle de l'aéroport, à proximité de l'avion.

Lorsque l'équipage lui a été présenté, il était étonné puis, je l'ai entendu dire :

- Je suis fier, je suis doublement fier de voler avec des pilotes noirs. Chez nous en Amérique, les Blancs nous prennent pour des moins que rien, alors qu'en Afrique, les Noirs pilotent des Jumbo-jets. Eh oui, je suis fier…

Pour éviter d'entrer dans la polémique, j'ai préféré prendre congé, prétextant la préparation du vol.

- A tout à l'heure à bord, Ali, ai-je conclu.

Il convient de relever que dans l'exercice de notre métier de pilote, il nous était interdit de discuter de politique ou de religion avec les passagers, notre rôle se limitant à la sécurité des vols.

A l'embarquement des passagers, Mohamed Ali fut le dernier à monter à bord, accompagné d'une meute de journalistes. A la demande du représentant d'Air Zaïre, j'ai donné mon accord pour que le boxeur puisse s'installer avec nous dans le cockpit pour le décollage.

Dès que le représentant l'a introduit dans le poste de pilotage, Ali est resté debout comme tétanisé par la peur. J'avais beau lui montrer son siège derrière moi, mais en vain. Pire, il est devenu blême. Ne pouvant se contenir, il a demandé :

- Il n'y a pas de Blancs ici ?

Pour toute réponse, j'ai dit que l'équipage lui avait été présenté et qu'il n'y avait aucun Blanc avec nous. Il enchaîna en alléguant :

- Je croyais vraiment que c'était une blague.

Pour finir, je lui ai demandé de s'asseoir et d'attacher sa ceinture de sécurité. Après le démarrage des moteurs et pendant que nous roulions vers la piste d'envol, il prit son courage à deux mains pour questionner :

- Commandant, avez-vous de l'expérience sur DC-10 ?

Pour toute réponse, je lui ai répondu par mon sourire, convaincu que ce personnage ne pouvait être persuadé qu'après avoir lui-même vu de ses propres yeux.

Une fois en pleine croisière, je me suis rappelé mon entraînement sur DC-10 à Long Beach et à Tucson, en Arizona. C'est vrai qu'à l'époque, les pilotes noirs se comptaient sur les doigts d'une main. Ainsi, pendant notre entraînement à Tucson et lors des changements d'équipages, certains Américains nous demandaient si nous étions réellement des pilotes.

Je comprenais mieux les réactions de Mohamed Ali et ne lui en voulais pas. Au contraire, je me suis rapproché pour le mettre en confiance, notamment en lui expliquant les péripéties du vol.

Deux heures après le décollage, alors que nous survolions Constantine en Algérie, Ali reprit toute sa volubilité. C'est même en criant, avec la verve qu'on lui reconnaît, qu'il ventait nos mérites auprès des nombreux journalistes à bord. Il avouera :

- En Amérique, on nous a toujours présenté l'Afrique comme une jungle, comme le pays de Tarzan. On ne nous a jamais dit qu'un Africain pouvait piloter un avion. Ils parlent même anglais, un bon anglais, alors que nous, en Amérique, on ne peut même pas discourir dans un anglais correct.

Une réflexion inoubliable de cette méga star des poids lourds, certainement le boxeur le plus talentueux de tous les temps !

Nous étions au-dessus du Niger quand le soleil s'est couché et, de loin, on voyait les éclairs qui annonçaient l'approche du Front intertropical, confirmé par le radar météo. Pendant que les passagers étaient invités à s'asseoir et à s'attacher, Ali me lança sa dernière boutade :

- Commandant, avez-vous l'expérience des vols dans les orages ?

Décidément, c'était un homme très attachant. Aux alentours de 20 heures, nous survolions Kinshasa, avec le Stade du 20 Mai complètement illuminé. Ali me demanda si c'était dans cette arène que le combat allait avoir lieu. Ce à quoi je lui ai répondu par l'affirmative.

Dans le cockpit, debout, le boxeur américain Mohamed Ali et, assis derrière, le commandant de bord Simon Diasolua, en plein ciel

Après l'atterrissage, Ali m'a remercié et, en prenant congé de moi, il m'a dit qu'il espérait me revoir. Ce qui arriva deux jours plus tard au Domaine présidentiel de la Nsele, au sud de l'aéroport de Ndjili, à Kinshasa, où il était logé. Je l'ai retrouvé en maillot de bain, sortant droit de la piscine et encore tout trempé.

Une fois dans la résidence, il m'a présenté à son entourage et m'a proposé d'assister à son entraînement avec son sparring partner. Un ring avait été aménagé dans ce qui semblait être une salle de gymnastique. Des journalistes ainsi que des curieux triés sur le volet étaient agglutinés autour.

J'ai pris congé d'Ali immédiatement après. J'apprendrai quelques jours plus tard que Foreman s'était accidentellement blessé lors de son entraînement. On avait un moment évoqué la possibilité d'annuler ce « Combat du siècle », puis celui-ci a été reporté d'environ un mois, le temps de permettre à Foreman de guérir, mais avec interdiction pour les deux boxeurs, aux termes du contrat, de quitter le Zaïre une seule seconde.

L'année suivante, alors que j'allais quitter l'aéroport de Los Angeles, après mon recyclage au simulateur chez Douglas, j'ai croisé Mohamed Ali qui venait de Chicago. Dès qu'il m'a reconnu, il s'est écrié : « My pilot ».

Lors de l'avant-première à Kinshasa du film *When we were Kings*, qui retrace l'événement que constituait « le Combat du siècle », j'ai eu le plaisir de me retrouver, très jeune encore, dans le cockpit du DC-10 qui transportait Mohamed Ali vers la capitale congolaise.

Près de quarante ans après, je garde encore de ce grand athlète le souvenir indélébile non seulement d'un grand champion, mais aussi d'un grand Américain.

16. Aviation présidentielle

a. Les leçons de l'Histoire

Pendant les cinq années de la première république d'un Congo fraîchement sorti de la colonisation, le Président Kasa-Vubu n'avait pas d'avion personnel, qui lui aurait permis de voyager sans contrainte aux quatre coins du monde. Ses déplacements, bien qu'assurés, s'effectuaient par un régulier d'Air Congo pour les vols intérieurs ou de la Sabena, en ce qui concerne l'étranger. Comme le commun des mortels, il se contentait d'avions de ligne affrétés par le gouvernement.

Le Président, tout comme son Premier ministre, n'avait à sa disposition ni avion ni hélicoptère personnel. Le Congo est si vaste que les grandes distances qui séparent les différentes provinces et leurs villes respectives ne peuvent être parcourues que par voie aérienne. Le problème d'un avion présidentiel se posait déjà au lendemain de l'indépendance du Congo.

Ainsi, alors que Tshombe, aidé par les milieux financiers belges, s'apprêtait à proclamer l'indépendance du Katanga, le Président Kasa-Vubu et le Premier ministre Lumumba décidèrent de s'y rendre pour l'en dissuader. Néanmoins, le gouvernement ne disposait pas d'avion propre. L'appareil du gouverneur général du Congo avait curieusement été placé par la Belgique entre les mains des autorités katangaises après l'indépendance.

Toutefois, l'armée belge mit un appareil à la disposition des autorités de Kinshasa. L'avion, un DC-3, était dépourvu du minimum de confort, lorsque l'on sait qu'il ne disposait d'aucun siège. C'était en réalité un appareil des parachutistes, dans lequel le Président et son Premier ministre ne pouvaient s'asseoir correctement. A l'époque, le Congo n'avait pas encore de compagnie aérienne, Air Congo n'ayant officiellement vu le jour qu'en 1961.

A son arrivée au pouvoir, le 24 novembre 1965, Mobutu qui a retenu les leçons de l'Histoire sur le chapitre de la mobilité, comprit l'utilité d'un appareil mis à sa disposition exclusive, pour sa rapidité et son impact.

L'avion n'est pas seulement important mais il est indispensable, car il joue un rôle déterminant dans le bon déroulement de la diplomatie d'un État qui se veut et se dit souverain. Que vaut, en effet, un chef d'État sans avion personnel ?

Mobutu y jettera alors tout son dévolu. Il va rapidement s'équiper d'appareils neufs, ultramodernes, confortables et dignes de l'homme d'État qu'il était. Grâce à ces acquisitions, le chef de l'Etat zaïrois savait qu'il pouvait être à l'heure et à l'endroit où il voulait bien être.

Les plus belles acquisitions de la compagnie aérienne nationale avaient été ses œuvres. En tout cas, sans la moindre emphase et sans une once d'hésitation, on peut clamer que l'aviation civile congolaise a eu ses lettres de noblesse sous Mobutu. Car la flotte d'Air Zaïre était l'une des plus performantes de l'Afrique noire.

Au début, et alors qu'Air Zaïre s'enrichit lentement mais sûrement d'appareils nouveaux et modernes, Mobutu utilise d'abord le « DC-8 Kisangani » pour ses voyages à l'étranger, tel que celui effectué aux USA en 1972. Puis, à l'acquisition du DC-10-30, il délaisse le DC-8 et s'empare de l'un des deux fleurons qui faisaient la fierté des Zaïrois et qui devient ainsi son avion privilégié et quasi personnel. Cet appareil avait une particularité : il était à la fois l'avion du Président et un aéronef de ligne que monsieur tout le monde pouvait emprunter, lorsque l'homme fort du Zaïre n'en avait pas besoin.

Le « guide » oubliait souvent que l'avion qu'il utilisait n'était pas le sien, mais plutôt propriété d'une société commerciale, fut-elle nationale. Mais il s'en servait comme il l'entendait, alors qu'Air Zaïre, à l'instar de toute entreprise, devait réaliser des bénéfices. A ce propos, il est arrivé une fois où Air Zaïre a été privé de son avion pendant 52 jours, soit près de deux mois, pour cause d'un périple qu'effectuait le Président Mobutu dans plusieurs pays asiatiques.

Vers les années 1975, j'effectuais la plupart des vols présidentiels avec mon collègue Ilunga. C'est dans ce cadre, que lors de la visite officielle du Président Valéry Giscard d'Estaing, du 7 au 9 août 1975, le premier Concorde aux couleurs d'Air France débarqua le chef d'Etat français et son épouse à l'aéroport de Ndjili.

La veille de l'arrivée du Président français, Ilunga et moi avions chacun reçu du protocole d'État une invitation nous demandant d'être au pied de l'avion présidentiel français, sans autre précision. Après la présentation des membres du gouvernement, le Président Mobutu nous présenta à son homologue en ces termes :

- Mes deux pilotes présidentiels qui vont accompagner le vol retour du Concorde à Toulouse.

Arrivée à Kinshasa du Concorde d'Air France, avec Giscard d'Estaing. Au premier plan, Mmes Giscard et Mobutu, suivies des deux Présidents

Pour une surprise, c'en était une. L'avion devait en effet repartir vers Toulouse le soir. Une heure avant le départ, on nous présenta au commandant du Concorde, qui n'était autre que le pilote d'essai André Turcat, assisté de M. Franqui. L'appareil disposait d'une cabine passager subdivisée en deux. Il y avait, d'un côté, une cabine aménagée à l'avant et, de l'autre, une partie arrière équipée d'appareils de contrôle.

Turcat nous a rassurés en précisant que dans les jours qui suivraient, l'appareil allait être entièrement aménagé en version passager pour devenir le premier Concorde d'Air France.

Pour ce vol, le personnel cabine appartenait à Air France, tandis que le poste de pilotage était sous la responsabilité de l'équipe des essais en vol.

Avec l'accord de Turcat, je me suis installé dans le cockpit, alors qu'Ilunga préférait le confort de la cabine passager, aménagée à cet effet. C'est du siège observateur que j'ai suivi le déroulement du vol du Concorde, du début à la fin.

Après le démarrage des moteurs, je n'ai trouvé aucun commentaire à formuler, l'appareil étant apparemment comme les autres. Mais une fois en bout de piste pour le décollage, Turcat demanda à son ingénieur de bord d'ajuster la puissance de décollage, suivi du mot « P.C. » (postcombustion).

Après la P.C., j'ai senti le Concorde se comporter comme un chien enragé qu'on tient par la laisse et qui ne demande qu'à bondir en force, tellement la poussée était énorme. Ainsi, une fois les freins lâchés, j'ai eu comme une tape dans le dos. Le bel oiseau s'est littéralement mis à avaler la piste, jusqu'au moment où j'ai entendu « V1 » (vitesse de décision), suivi de « rotation ».

Dès que nous avons quitté la piste et rentré le train d'atterrissage, Turcat s'est mis en virage à droite en direction du nord, suivi de l'arrêt de la P.C.

La deuxième surprise est arrivée quand l'avion se trouvait à plus ou moins 30 000 pieds. Turcat a de nouveau demandé la P.C. et la vitesse s'est mise à augmenter. Ainsi, jusqu'à 30 000 pieds, l'avion fonctionnait comme les autres. Mais au delà, j'ai commencé à perdre la boule. En effet, après avoir coupé la P.C., l'avion s'est mis en accélération jusqu'à ce que la vitesse indiquée touche la barre de la vitesse limite. S'en est suivi des claquements du genre « tac, tac, tac ».

Je n'y comprenais plus rien. Je m'interrogeais en me disant : « Voit-il ou ne voit-il pas » ? Puis, dès que la vitesse indiquée a dépassé la barre, ne pouvant me retenir de peur de passer pour un con, je me risquai alors à interroger :

- Est-ce normal de dépasser la vitesse limite de cet avion ?

Et c'est avec un grand sourire que Turcat me répondra qu'il s'attendait à cette question. Il précisa que le Concorde n'était pas limité en vitesse, mais en température de frottement, qui ne devrait pas dépasser plus ou moins les 120° centigrades.

Ouf ! Pour moi, c'était contre toutes les règles de l'aérodynamique. J'ai enfin commencé à décompresser.

La troisième surprise est que le Concorde était constamment en montée jusqu'au moment où l'on approchait des cotes algériennes. L''altitude affichait alors 58 000 pieds.

En approchant de la FIR française (Centre d'information de vol), le Concorde a commencé à décélérer pour se préparer à l'atterrissage, à Toulouse. Pour la première fois de ma vie, je venais de voler à plus de deux fois la vitesse du son. A la même occasion, Ilunga et moi sommes devenus les premiers Zaïrois (Congolais) à voler sur le Concorde.

b. Guerre du Shaba - La légion saute sur Kolwezi

Il était près de 22 heures, ce 10 juin 1977, lorsque je reçus un coup de fil des opérations d'Air Zaïre me demandant d'être à l'aéroport de Ndjili le plus rapidement possible, pour un décollage prévu aux environs de minuit, sans préciser la destination.

Normalement, lorsqu'il n'est pas de réserve, le pilote a droit à un préavis d'au moins huit heures pour se préparer au vol, mais aussi pour éviter notamment de voler en état d'ébriété.

A la question de connaître ma destination afin que je puisse me préparer en conséquence, on a rétorqué que je l'apprendrai aux opérations sur place, mais que je devais m'attendre à un long vol.

A l'époque, je faisais partie du groupe restreint de personnes dont le téléphone ne pouvait en aucun cas être éteint, pour la simple raison que je pouvais être convoqué à tout moment, de jour ou de nuit.

J'ai pris congé de ma famille et, à mon arrivée à l'aéroport, m'attendaient quelques agents de sécurité de l'État, quelques officiers de l'armée et, bien sur, mon PDG qui n'était autre que le général de division Molongya, nommé à la tête d'Air Zaïre quelques mois auparavant.

Le général m'a informé que la province du Shaba (redevenu Katanga) venait d'être envahie par des rebelles en provenance de l'Angola et que la ville minière de Kolwezi était entièrement sous leur contrôle. Il a précisé qu'il y avait des otages entre leurs mains, dont la plupart étaient des Européens.

Un pont aérien venait d'être décidé entre le Zaïre et le Royaume du Maroc, qui mettait des troupes à la disposition des autorités zaïroises afin de leur permettre de combattre les rebelles, soutenus par l'Angola et, par ricochet, les communistes.

Une heure et trente minutes plus tard, je décollai pour un vol inscrit dans ce cadre, prélude à une série d'autres entre le Zaïre et le Royaume chérifien.

Comme c'était la haute saison, il y avait un manque d'effectifs. Les pilotes désignés pour le pont aérien n'arrêtaient pas de voler, avec des prestations de l'ordre de 24 heures. On ne tenait pas compte du temps d'attente au sol pour le ravitaillement et le chargement. L'équipage effectuait parfois un aller et retour sans repos. Bien qu'étant des pilotes civils, nous étions là sous commandement militaire.

S'il fallait sept heures de vol entre Kinshasa et Casablanca, il en requérait presque autant pour relier la capitale congolaise à Fès, Agadir, Rabat, etc.

Les troupes marocaines étaient sous le commandement du colonel Loubaris, un proche du Roi du Maroc et qui deviendra général après l'offensive du Shaba, dite « Guerre de quatre-vingt jours », ainsi baptisée pour sa durée.

L'aéroport de Kolwezi a été repris par les troupes du major Mahele, tandis que les légionnaires français étaient parachutés, par des C-130H de la Force aérienne zaïroise, sur la ville de Kolwezi, qu'ils reprendront après de violents combats.

Ainsi a commencé l'évacuation des étrangers sous le couvert des troupes belgo-françaises. Un bon nombre d'étrangers furent malheureusement tués avant la libération de la ville. Quant aux troupes zaïro-marocaines, elles étaient commises à la libération du reste de la province encore sous contrôle des rebelles.

Les aéroports de Lubumbashi et de Kamina ont servi non seulement de bases aux avions Mirage 5 et Macchi de la Force aérienne zaïroise, mais aussi de supports à toute la logistique de guerre.

Quant au major Mahele, il franchira tous les échelons jusqu'au grade de général. Il meurt assassiné le 16 mai 1997.

c. Asymétrie de carburant

C'est pendant cette « Guerre de quatre-vingt jours » qu'a failli se jouer un drame, évité de justesse. En effet, le matin du 7 août 1977, par manque de copilote disponible, le commandant Courbin et moi avons décollé de Kinshasa pour Lubumbashi. Il devait assurer le vol aller au départ de Kinshasa, tandis que moi le retour au départ de Lubumbashi. Nous sommes arrivés à destination vers 10 heures locales. Le retour vers Kinshasa était prévu pour 20 heures.

Suite au contrat de maintenance qui liait Air Zaïre à la société UTA, le responsable technique de la compagnie à Lubumbashi, M. Borguezi, était un agent UTA détaché à Air Zaïre. Alors que je me reposais à l'Hôtel Karavia, en prévision de mon vol retour, il m'a informé par téléphone qu'il y avait un problème d'avitaillement de l'avion en carburant.

Il faut savoir que les avions modernes sont approvisionnés par une ou deux bouches situées sous l'aile de l'avion. Le carburant sous pression est ensuite réparti dans les différents réservoirs, en passant par des clapets, qui s'ouvrent et se referment selon les quantités désirées par l'équipage.

Pour le vol retour, nous avions sollicité trente tonnes de kérosène réparties comme suit : dix tonnes dans l'aile gauche (P1), dix tonnes dans l'aile droite (P3) et le solde dans le réservoir central (P2). J'ai alors demandé à M. Borguezi de se démêler pour distribuer le carburant dans les réservoirs tel que nous l'avions prévu.

A 19 heures, j'étais à bord du DC-10 et après vérification, j'ai constaté qu'il y avait bien 30 tonnes au total, réparties dans les trois réservoirs. Après l'embarquement des passagers, je devais décoller avec un poids de 180 tonnes et atterrir à Kinshasa avec 166 tonnes. En tout, il y avait 308 âmes à bord.

Pour rappel, le mois d'août coïncide avec la saison sèche à Lubumbashi, ce qui engendre des turbulences sous 3 000 mètres d'altitude et, parfois aussi, des vents de cisaillement.

A 20h15 locales, assisté du commandant Courbin, je décollai de Lubumbashi. Il faisait très beau mais, à la rotation, l'avion s'est mis tout seul en virage à gauche malgré mes efforts de le maintenir droit. J'ai d'abord placé ce phénomène sous le coup de la turbulence, mais au passage des 10° d'inclinaison à gauche, j'ai compris qu'il se passait quelque chose d'inquiétant.

J'ai immédiatement réagi en mettant la commande des ailerons pleine à droite jusqu'à la butée, avec le pied droit à fond sur le palonnier droit. Ma jambe droite tremblotait, tellement la pression exercée était forte. Je me rappelle avoir dit à mon collègue :

- Serge, nous avons un problème.

Quant au mécanicien de bord, j'ai demandé si nous avions une panne hydraulique. Sa réplique fut sans équivoque :

- Non, commandant, avait-il répondu.

Dès que l'inclinaison a atteint 15° à gauche, j'ai trimé la dérive et les ailerons plein droit pour réduire la tension sur les commandes. Ensuite, j'ai mis le moteur trois (celui de droite) au ralenti pour que la puissance du moteur un (de gauche) compense et réduise l'inclinaison, tout en priant Dieu que ce moteur ne me lâche pas. L'inclinaison s'est stabilisée à plus ou moins 5°. J'étais alors condamné en virage à gauche.

Après évaluation de la situation, nous avons décidé de revenir à Lubumbashi, dont on voyait encore les lumières. Nous avons informé la tour de la situation en réclamant une pleine assistance. En jouant sur la puissance des moteurs un et deux, je me suis posé sur la piste, quoique difficilement. Je venais de réaliser un de mes plus mauvais atterrissages.

A l'ouverture des portes, Borguezi s'est précipité dans le cockpit et m'a demandé pourquoi j'avais décollé avec une telle inclinaison à gauche. C'est à ce moment précis que le déclic s'est produit dans ma tête. J'ai réalisé qu'il avait évoqué des problèmes de Fill-Valves qui restaient bloqués. J'ai alors exigé qu'il sorte les indicateurs de quantité de carburant.

Il s'est exécuté en commençant par l'indicateur gauche, soit P1 et ensuite, celui du milieu, soit P2. Et comme par hasard, la lumière fut. En effet, lors de l'escale et avant l'avitaillement en carburant, un agent technique, qui devait connaître le DC-10, poussé probablement par des considérations d'ordre politique ou autre, avait permuté les indicateurs en mettant le P2 à la place du P1 et vice-versa.

L'homme semblait, en effet, très bien connaître son affaire car, si l'on peut, sans conséquence, permuter le P1 et le P3 (réservoirs d'ailes), qui ont le même type de transmetteur, on ne pouvait placer le P2, qui a un transmetteur totalement différent, en lieu et place des autres.

Deux semaines auparavant par contre, on avait découvert une grenade dégoupillée, coincée entre les bagages, dans la petite soute arrière du DC-10. On a dû faire appel aux paracommandos français qui gardaient l'aéroport pour la désamorcer. Il s'agissait là d'une preuve supplémentaire qu'il y avait bien un saboteur à l'aéroport de la Luano à Lubumbashi pendant la « Guerre de quatre-vingt jours ».

Borguezi, ignorant la forfaiture, a passé des heures à égaliser les quantités des indicateurs, alors que la réalité était ailleurs.

En remettant les P1 et P2 à leurs places respectives, les vraies quantités sont apparues. J'avoue que j'ai immédiatement eu froid dans le dos. Il restait 16 tonnes dans le P1, 8 dans le P3 et 3 dans le P2, soit un total de 27 tonnes à bord. C'était complètement inimaginable !

Au vue de ces chiffres, en effet, il s'est avéré qu'il y avait huit tonnes d'asymétrie carburant, alors que le constructeur du DC-10 la limite à 1 800 kilos maximum. Cela faisait frémir, car nous venions d'échapper de peu à une véritable catastrophe. Mais personne n'aurait pu imaginer qu'elle ait été causée par un problème d'asymétrie carburant.

Après avoir effectué le transfert du kérosène, soit neuf tonnes par réservoir, afin de supprimer l'asymétrie, je redécollai de Lubumbashi à destination de Kinshasa, en prenant le soin de raconter aux passagers une toute autre histoire pour les rassurer. Ce que j'ai réussi tant bien que mal.

Le lendemain, un rapport complet fut transmis auprès du MDC à Long Beach (Californie), où je fus convoqué pour discuter de l'incident, devant une commission composée de neuf ingénieurs. L'objectif était de trouver des solutions pour que pareil incident ne puisse se reproduire.

A cet effet, un AD (Airwortiness Directives) a été lancé à toutes les compagnies utilisatrices du DC-10. De leur côté, tous les indicateurs de carburant ont subi des modifications, avec désormais le P1, le P2 et le P3 très visibles à l'extérieur de l'instrument.

De son côté, Air Zaïre a également décidé de changer sa procédure de contrôle et d'avitaillement en carburant.

17. Conseiller du PDG Molongya

Si j'ai opté pour la profession de pilote de ligne, c'est parce que je détestais les bureaux. J'aimais les grands espaces, les avions, les voyages et la liberté. Malheureusement pour moi, à la suite d'une décision du général Molongya, PDG d'Air Zaïre, je me retrouvai son conseiller, avec en prime, la clef d'un bureau à l'aéroport de Ndjili. Ce qui ne m'arrangeait pas du tout parce que j'avais dès lors l'obligation, quand je ne volais pas, de me rendre au bureau chaque matin comme tout bon salarié.

Ma présence était requise tous les jours, sauf les week-ends, et, n'étant pas au courant des convenances, j'étais souvent en Jeans et chemise. Ce qui mettait le général PDG hors de lui, jusqu'au jour où il m'a demandé de m'habiller correctement. Je lui ai répondu que l'habit ne faisait pas le moine. Il a rétorqué :

- Ça identifie le moine.

Pris au piège, j'alléguai que je ne possédais pas d'abacost, la tenue nationale. Il a alors intimé l'ordre pour que le fournisseur d'uniformes de la compagnie, la société belge Arzoni, me confectionne neuf abacosts avec chemises à col Mao et foulards, aux frais de la princesse, pour l'équivalant de 15 à 20 000 francs belges la pièce, soit entre 450 et 500 € d'aujourd'hui.

En travaillant aux côtés du général Molongya, j'ai découvert un grand manager, un homme motivé et intelligent. Il a changé l'image négative d'« Air Peut-être », en élaborant un horaire plus adapté et en insistant sur la régularité ainsi que la ponctualité.

Tous les avions long-courrier de la société ont subi un lifting intérieur, spécialement le DC-10, qui fut équipé de nouveaux sièges aux motifs Bakuba du Kasaï, au point que les clients qualifiaient sa première classe d'une des plus belles au monde.

On fit appel à M. Alain Trouba, grand cuisinier et propriétaire du restaurant « Le Stirwen » à Kinshasa, pour proposer aux clients un catering de choix. Celui-ci a considérablement amélioré les plats proposés aux passagers, en faisant la promotion de certains mets nationaux telle que la queue de crocodile à l'oseille.

Le personnel navigant a reçu un nouvel uniforme, spécialement les hôtesses de l'air, qui ont été habillées par la maison Balacianca de Paris. La présentation du nouvel accoutrement eut lieu à l'Hôtel Intercontinental de Kinshasa, sous le patronage d'Evelyne Lecler, présentatrice vedette à la télévision française, spécialement invitée pour l'occasion. Un autre signe de progrès a été la création de l'Ecole élémentaire de pilotage à Kinshasa, avec l'acquisition de cinq avions d'entraînement Tomawak et l'apport des ex-instructeurs de la Force aérienne belge.

Le PDG projeta aussi de construire un siège social de plus de vingt étages. Il n'a malheureusement pas été réalisé à la suite de l'arrestation de son initiateur. L'incident survient alors que la compagnie avait le vent en poupe et que ses avions sillonnaient sans complexe l'espace africain, européen et autre.

Air Zaïre était devenu la deuxième compagnie en importance en Afrique noire, après South African Airways, grâce à un travail acharné de deux ans. C'est à ce moment là que, pour des raisons sûrement politiques, des personnes ont cru bon d'avoir la peau du général, consécutivement à une interpellation au Parlement.

En effet, un député avait accusé le général de tout et même d'être responsable du manque de papier hygiénique dans les toilettes de l'aéroport de Ndjili, pourtant sous gestion de la Régie des voies aériennes.

Malgré les calomnies, le général est demeuré digne pendant toute la durée de l'interpellation. Et, comme le dit l'adage, « qui veut noyer son chien, l'accuse de rage », le général Molongya sera incarcéré à la prison de Luzumu, dans la province du Bas-Congo, avant d'être reconnu innocent et gracié.

Grand intellectuel, il est l'auteur de plusieurs ouvrages sur la politique et les Forces armées zaïroises.

En haut, le Cdt Diasolua, le PDG Kikunda, son adjoint Lusamba et les hôtesses d'Air Zaïre

La Chef hôtesse Tara, entourée de deux chefs cabine

Le général PDG Molongya

A gauche : Le Cdt Diasolua en plein vol. A *droite* : Mr. Teuwen, le général Kikunda, le Cdt Diasolua et Mr. Kasyeke Fassi, chef du Dpt aérodynamique chez Bombardier (de gauche à droite)

DC-4 cargo à queue pivotante. L'unique au monde

Le DC-3 aux couleurs d'Air Congo

Le DC-4 d'Air Congo en version passagers

Le premier B-727-100 présidentiel

Avions d'entraînement Tomawak de l'Ecole de Pilotage, sous l'impulsion du général Molongya

Le DC-10-30 en plein préparatif d'un vol de nuit, au départ de Bruxelles

La Caravelle SE-210-11R

Le Fokker F-27 servant au désenclavement

DC-8-63, un avion long courrier, combi passager-cargo

DC-10 après une nuit enneigée à l'aéroport londonien de Gatwick

Un avion « poubelle » dans le ciel congolais, comme il y en a eu souvent, avec bagages et passagers entremêlés en toute insécurité

Le Cdt Diasolua, entouré de son équipage lors d'un vol pour le compte de Saoudi Arabia

En vol pour le compte de SkyJet

Ici, au-dessus de la Russie, avec M. Mudiasa

18. Cour d'instructeur

a. Formation auprès d'American Airlines

Au début du mois d'octobre 1977, j'ai été désigné par la direction des opérations d'Air Zaïre pour suivre des cours d'instructeur sur DC-10 et d'examinateur auprès d'American Airlines Flight Academy, à Arlington, petite ville située entre Dallas et Fort Worth au Texas.

A mon arrivée à Dallas, American Airlines m'a trouvé un petit appartement dans la ville même d'Arlington, à moins d'un kilomètre du centre d'entraînement. Cela me permettait d'effectuer mes déplacements à pied. Comme je devais y rester plus de deux mois, je me suis arrangé pour faire venir mon épouse, qui est arrivée de Kinshasa.

Elle a débarqué sans sa valise, qui nous est parvenue deux jours plus tard, puisque de Rome où elle était en transit, elle a à peine eu le temps de sauter sur le vol de New York, sans que sa valise ne soit mise à bord.

La formation théorique terminée, la phase pratique commença par des séances de simulateur, qui consistaient essentiellement à la conversion des pilotes B-707 et B-727 d'American Airlines sur DC-10.

Après la partie simulateur, j'ai émigré vers Los Angeles avec mon instructeur, en vue de parachever la formation de nouveaux pilotes DC-10, par des tours de piste à Palmdale, sous la supervision des pilotes de la F.A.A., conformément à la réglementation en vigueur. A la fin, l'examinateur de la F.A.A. en profitait pour s'exercer lui même.

A Palmdale, j'ai aperçu pour la première fois, à travers la grande porte coulissante du grand hangar, le fameux bombardier B-1A qui était encore au stade d'essai. Le retour vers l'aéroport de L.A. s'effectuait de nuit. C'était vraiment grandiose de survoler cette métropole qui s'étend sur des kilomètres de long et près de quatre-vingt de large.

Le lendemain matin commença l'entraînement en ligne, avec des passagers à bord, sur le réseau d'American Airlines. Cela m'a permis de voyager un peu partout aux États-Unis.

La fin de ma formation a été sanctionnée par l'octroi, par American Airlines et la F.A.A, d'un parchemin qui faisait de moi un instructeur DC-10 et examinateur (Check Airman). A cette occasion, une soirée a été organisée à mon honneur par American Airlines Flight Academy, au sommet d'une tour de Fort Worth.

Ma formation comme instructeur DC-10 a coïncidé avec la loi qui favorisait les minorités aux USA, d'où la proposition d'American qui m'a sollicité de rester travailler pour son compte, assurant que je n'avais pas à m'inquiéter quant à mes papiers. Après mûre réflexion, j'ai décliné l'offre, en indiquant que mon pays avait davantage besoin de moi. Aujourd'hui encore, il arrive que Marie-José, mon épouse, me le reproche.

Au mois de décembre 1977, je suis enfin rentré à Kinshasa, avant d'être nommé Check-pilote DC-10. J'ai aussitôt quitté mes fonctions de conseiller du PDG pour me consacrer à la formation et au maintien des qualifications des pilotes DC-10 de la compagnie. La Direction de l'aviation civile (D.A.C.) du Zaïre a confirmé la décision, en me nommant officiellement instructeur DC-10 et examinateur.

J'étais désormais partagé entre les séances au simulateur et les contrôles en vol. Mes nouvelles fonctions m'ont permis d'apprendre énormément sur la psychologie des pilotes, leurs angoisses et l'amour qu'ils ont pour leur métier. Car, il faut réellement aimer ce travail pour en faire une profession, à cause de toutes les contraintes de différentes natures.

Je rappelle que c'est le seul métier au monde dont la licence, renouvelable sous certaines conditions, a une validité réduite à six mois.

Je pilotais moins, mais le fait de voir voler les autres, alors que j'étais assis sur le siège d'observateur, me permettait d'apprendre autant que je leur enseignais.

Bien qu'ayant un pied à la direction de l'entreprise, je suis resté à l'écoute des pilotes, au point de me faire parfois tirer les oreilles par la hiérarchie, qui estimait que je défendais plus les intérêts des navigants que ceux de la direction.

Au mois de juin 1978, j'étais nommé chef pilote et adjoint au directeur des opérations, le commandant Watson, poste que j'allais occuper pendant près de huit ans. Mais malgré mes nouvelles responsabilités administratives, j'ai continué, avec l'aide de nouveaux check pilotes, de former et d'encadrer les pilotes de la compagnie nationale, qui ont fait la fierté du Zaïre.

b. Patrice Roland et Belien

Son entraînement DC-10 achevé, M. Patrice Roland rêvait d'effectuer son premier vol commercial avec son beau-père Belien, qui était mécanicien navigant sur le même appareil. L'occasion se présenta le 24 juillet 1978, jour de son premier vol en qualité de copilote DC-10.

En attendant l'embarquement des passagers, j'effectuai les contrôles préliminaires de l'avion qui était parqué sur le tarmac à Bruxelles. J'ai constaté que le mécanicien Belien présentait des signes de nervosité inhabituels. Il pressait constamment son bras gauche comme pour le masser et devenait de plus en plus pâle.

Je lui ai demandé si tout allait bien. Il m'a répondu par un genre de grognement. Pourtant, je sentais bien qu'il y avait quelque chose d'anormal. Pendant ce temps, son beau-fils était au bureau des opérations Belgavia pour prendre l'enveloppe de vol.

A un moment donné, j'ai vu Belien s'écrouler sur un siège. Sans perdre un seul instant, j'ai immédiatement appelé Belgavia (compagnie belge d'assistance au sol) par le biais de la fréquence opérations, pour demander de l'aide avec assistance médicale. Quelques instants plus tard, le médecin diagnostiqua un début de crise cardiaque, qui finira par l'emporter après son transfert dans un hôpital bruxellois.

Après avoir fait venir le mécanicien de réserve, l'avion a décollé avec deux heures et trente minutes de retard, à destination de Kinshasa. Quel découragement pour Roland Patrice qui tenait tant à effectuer son tout premier vol commercial sur DC-10 avec son beau-père.

Quelques semaines après ce malheureux incident, j'assistai aux funérailles du mécanicien de bord Belien, avec quelques-uns de mes collègues.

19. Affrètement de l'ONU pour Beyrouth

Le 25 mai 1979, j'effectuai un vol spécial Dakar-Beyrouth pour le compte de l'ONU (Organisation des Nations Unies), assisté du copilote Robert Chauvet, qui a terminé sa carrière en qualité de commandant instructeur DC-10 chez AOM (Air Outre-mer), en France.

La mission consistait à acheminer les troupes sénégalaises à Beyrouth et en ramener d'autres, au retour, à Dakar.

Le vol aller s'est déroulé sans encombre, mais après notre atterrissage, les problèmes ont commencé. En effet, non seulement il n'y avait pas de carburant disponible sur place mais, pire, l'aviation israélienne venait de bombarder les montagnes du Shouf.

Pour notre propre sécurité ainsi que celle des passagers, il n'était plus question de passer la nuit à Beyrouth. Nous avons donc décidé de nous arrêter plutôt à Larnaka, à Chypre, et de revenir le lendemain à Beyrouth pour embarquer les militaires devant rejoindre Dakar.

Le matin du 26 mai, je décollai de Beyrouth avec le plein de passagers à destination de Dakar via Larnaka pour un vol retour de plus ou moins huit heures. Pendant la croisière, les prévisions météorologiques de Dakar ne nous rassuraient pas. La visibilité diminuait de plus en plus suite à l'harmattan, vent de sable désertique et sec qui souffle du nord-est vers l'ouest, couvrant absolument tout sur son passage.

Nous nous sommes posés à Dakar aux minimas requis, puis l'aéroport a été fermé pour cause de mauvaises conditions météorologiques, mais aussi suite à la perte d'un avion VIP qui transportait le Premier ministre mauritanien à Dakar. Les recherches autour du crash ont duré deux jours, sans résultats.

Les conditions étaient tellement exécrables qu'on suppose que le pilote de l'avion mauritanien a souffert de désorientation spatiale, qui se traduit par des incapacités de nature sensorielle.

Le 28 mai, nous avons été autorisés à décoller de Dakar pour Kinshasa, avec un avion complètement souillé par le sable du désert.

20. Voyage avec le Pape

Marie-José se trouvait avec sa mère à Katako Kombe, dans la province du Kasaï Oriental, quand elle a fait un rêve bizarre en rapport avec le Pape Paul VI. Dans le songe, elle portait le Pape mourant, qui lui a déclaré son souhait d'avoir comme successeur, sur le trône de Saint-Pierre, un Noir ou un non Italien. Si ce souhait se réalisait, Marie-José aurait l'obligation d'offrir, au nouveau Pape, un foulard mauve.

Après s'être réveillée en sursaut, elle a raconté son rêve à sa mère, qui dormait dans la même chambre qu'elle. Très superstitieuse, Marie-José s'est inquiétée du cauchemar, mais sa maman l'a rassurée en lui demandant de ne pas s'en faire et de n'en parler à personne.

Alors qu'elle préparait le petit déjeuner après son réveil, Marie-José a vu passer le chef du village avec une radio portative, qui diffusait de la musique des morts. Elle a alors voulu savoir quelle autorité était décédée à Kinshasa. Le chef lui a répondu que le Pape venait de mourir à Rome, ce 6 août 1978, et que, depuis, la radio nationale diffusait de la musique funéraire.

Après avoir regagné Kinshasa, elles et sa mère ont appris qu'un nouveau Pape, d'origine italienne, était monté sur le trône. Il s'agissait de Jean-Paul I. Marie-José était enfin rassurée.

Mais, le 28 septembre 1978, le monde entier apprenait la mort inopinée du nouveau Pape, soit trente-trois jours après son intronisation. Il est remplacé par un autre, d'origine polonaise, qui prend le nom de Jean-Paul II. Marie-José était stupéfaite.

Du 14 mars au 3 avril 1980, j'étais absent de Kinshasa, suite au deuxième voyage présidentiel en Chine. A mon retour, Marie-José et sa mère m'ont raconté le rêve, dont elles voulaient connaître la signification. Mais là, j'étais dans l'incapacité de donner une quelconque réponse valable à leurs attentes.

Deux semaines plus tard, j'étais abasourdi par la coïncidence. En effet, la direction des opérations m'informa que le Vatican me faisait l'honneur de piloter le Pape Jean-Paul II lors de sa visite au Zaïre, prévue début mai 1980. Pour ce voyage, le DC-10 9Q-CLI a été équipé de quatre modules, comprenant salon VIP, salon privé, chambre à coucher et salle de conférence.

La veille du vol, Marie-José m'a rappelé son rêve et la promesse d'offrir un foulard mauve au nouveau pape non italien. Il était 20 heures quand l'ambassadeur Weber Mayo est arrivé à mon domicile. Comme on discutait de cette promesse, M. Weber n'a pas rechigné et a pris Marie-José à bord de sa voiture pour aller à la recherche du fameux foulard. Mais, trouver un mauve à une heure aussi tardive relevait du miracle. Mais vingt minutes plus tard, le foulard est déniché dans un night shop. Marie-José plaça un mot pour le Saint-Père sur l'emballage.

Le matin du 5 mai, assisté du commandant Watson, dont c'était le dernier vol pour cause de retraite, j'ai fait ma mise en place à Brazzaville, où le Pape se trouvait depuis la veille. J'avais beau avoir l'habitude des vols VIP, mais le fait de piloter Sa Sainteté le Pape me faisait un drôle d'effet. J'étais très excité à l'idée de me retrouver à côté de lui, avec le sentiment d'être béni. C'est avec dévotion que je lui ai souhaité la bienvenue à bord.

Pour ce voyage exceptionnel, Air Zaïre s'était surpassé, en faisant appel à l'Italien Demontis, spécialement venu de Rome, en vue de s'occuper du catering destiné au Pape et à sa suite.

La chef cabine Tara Kanga, assistée d'Assana, avait la lourde responsabilité de servir le Pape. Le personnel navigant, trié sur le volet, avait tellement enchanté les nombreux journalistes à bord que ceux-ci ont signé une pétition d'excellence, consacrant ce voyage du Pape comme étant l'un des plus réussis.

Une heure et quarante minutes après le décollage de Brazzaville, je me posai impeccablement sur la piste de l'aéroport de

Kisangani, noir de monde. Ci-dessous la reproduction d'un article du quotidien belge *Le Soir*, consacré à l'événement mondial que constituait le pilotage du Saint-Père le Pape par un Congolais.

Reportages – 30.11.10 – *Le Soir* :

Simon Diasolua Zitu

Ce « pilote noir dans le Jumbo jet » qui a transporté Mobutu, Baudouin et le Pape

Né en 1942, il fut l'un des premiers pilotes d'Air Congo (qui devint Air Zaïre en 1971). Il pilota, entre autres, le roi Baudouin et Mobutu. Sa carrière prit fin en 2003, huit ans après la faillite d'Air Zaïre. L'exposition Ligablo lui consacre actuellement une vitrine. Il publiera en 2011 son autobiographie.

N*on, Simon, tu ne voleras pas avec le Président Mobutu aujourd'hui. Tu vas piloter le Pape. Il arrive. » « J'étais tellement ému que lors du premier compte rendu de vol j'ai oublié de l'appeler Saint-Père ! »*. Un rire étouffe sa grosse voix, mais ses yeux brillent. Simon Diasolua Zitu se redresse, réajuste les pans de son costume. Et reprend son récit.

Dans le salon de son petit appartement bruxellois, il fait revivre par les mots les années qu'il a passées comme commandant de bord, puis comme administrateur et directeur des opérations au sein d'Air Zaïre. Des années qui paraissent d'autant plus extraordinaires qu'elles sont racontées par un homme à l'apparence des plus banales, paisiblement assis sur un sobre canapé en cuir.

Celui que beaucoup appellent *« le commandant »* a été l'un des premiers pilotes civils du Congo indépendant. Et sans doute le plus connu. Ses premières sensations aériennes, il les a vécues en Belgique, dans l'école d'aviation gérée par la Sabena. *« J'avais vu une publicité d'Air Congo à Léopoldville, quelque temps après l'Indépendance. La compagnie cherchait des pilotes. J'ai posé ma candidature et j'ai été retenu »*. Il s'envole alors pour la Belgique pour y suivre sa formation. En parallèle, il termine ses humanités à l'école Saint-Barthélemy, à Liège. Un premier contrat avec Air Congo en 1966, puis s'enchaînent plusieurs allers-retours entre l'Afrique, l'Europe et les USA, où il continue à se former sur différents avions. C'est en juillet 1973 que débute sa carrière sur DC-10.

Une carrière de près de 30 dont il est très fier. Simon Diasolua compte parmi ses passagers quelques illustres personnages. Le Pape Jean-Paul II, mais aussi, auparavant, le boxeur Mohammed Ali, qu'il a emmené vers Kinshasa pour le

fameux « combat du siècle ». *« Ali a dit qu'il était très heureux de voler avec "le pilote noir dans le grand jet". Il n'en revenait pas qu'aucun membre de l'équipage ne soit Blanc. Il a fait le décollage dans le cockpit. Il était blême. Il m'a tapoté sur l'épaule pour me demander si j'avais suffisamment d'expérience ! »*. Le couronnement de sa carrière intervient lorsqu'il devient pilote du Président Mobutu. Au lendemain du coup d'Etat et pendant les 19 années suivantes, Simon Diasolua va accompagner le Président congolais dans ses voyages. Et côtoyer ainsi le pouvoir de près. *« J'ai vu et entendu des choses que je n'étais pas supposées voir ou entendre »*, glisse-t-il gravement. Il n'en dira pas plus.
Mais la mission qui l'a le plus marqué n'est pas celle-là. En 1970, le pilote est aux commandes de l'appareil qui conduit le Roi Baudouin et la Reine Fabiola vers le Congo. *« À cet instant, j'ai eu le souvenir du petit colonisé. Lorsque les inspecteurs scolaires m'avaient demandé ce que je voulais faire plus tard et que j'avais répondu ''pilote ou docteur''. Ils m'avaient dit que ces métiers-là n'étaient pas pour les Congolais »*. Il s'interrompt. À travers ses lunettes à monture dorée, son regard balaie le sol devant ses pieds. *« Je ne sais pas comment l'expliquer, mais j'ai eu un sentiment de satisfaction immense. Je pilotais le Roi et la Reine. J'avais prouvé que j'étais capable. Et le Congo avec moi »*.
Il relève les yeux, sourit. De fierté, certes, mais on y décèle aussi beaucoup d'humilité. Celle d'un homme qui, malgré son parcours, n'a pas oublié d'où il venait. Se reposer sur ses lauriers ? Jamais. Il veut agir. Le Boeing 727 qui fait office d'avion du Président Kabila, c'était son idée. La modification des moteurs des avions DC-10, c'était lui aussi. Et la plupart des pilotes d'Air Zaïre ont fait leurs premiers vols sous ses yeux attentifs.
Simon Diasolua a marqué le paysage de l'aviation, mais cela ne l'empêche pas de dénoncer le laisser-aller de l'aéronautique congolais. *« Le Congo est le seul pays au monde qui n'a pas de Code de l'air. J'en suis malade »*. À coups de rapports auprès du gouvernement, il a essayé de faire évoluer les choses. Sans succès. *« Ma lutte, c'est la sécurité aérienne. Personne ne va me faire croire que les Congolais ne sont pas capables de faire ce que d'autres font sans problème ! »*. Sa voix vibre tant il est en colère. Il s'était spécialisé pour devenir enquêteur lors d'accidents d'avion. Ironie du sort, c'est en rentrant de l'une de ces enquêtes, en 1996, qu'il a été victime d'un grave accident de voiture. Rapatrié en Belgique, où il vit depuis lors, il n'a pourtant pas oublié sa cause.
De ce voyage papal en 1980, il avait conservé une médaille, offerte par Jean-Paul II lui-même. Elle ne l'avait jamais quitté jusqu'au jour où on lui déroba son sac à la gare du Midi. La médaille est perdue, la carrière est finie, mais l'espoir d'un changement, lui, ne s'efface pas.-

L'article du *Soir* annonçait pour 2011 la parution du présent récit, mais des aléas de divers ordres l'ont retardée de quelques années.

Le lendemain, je décollais pour Nairobi au Kenya, où le pape devait séjourner deux jours. L'équipage en a profité pour un safari photo dans les environs de la ville.

Enfin, le matin du 8 mai 1980, nous avons quitté Nairobi à destination d'Accra, au Ghana, pour un dernier vol de plus de cinq heures. Pour ce tronçon, Demontis et Air Zaïre ont surpris le Souverain Pontife en lui proposant un repas purement polonais.

C'est au cours de ce vol que j'ai été gratifié de la visite du Pape au poste de pilotage, accompagné de quelques journalistes et de son garde du corps Mgr Marcinkus. Les photos à la page suivante, qui m'ont été envoyées du Vatican, immortalisent cet instant précis. Nous survolions à ce moment-là la forêt équatoriale, en direction du Cameroun.

Le Pape m'a parlé de l'immensité de la forêt. Il voulait aussi savoir si j'avais une famille. J'en ai profité pour lui remettre le foulard dans son emballage cadeau ainsi que la lettre de Marie-José, par les mains de Mgr Marcinkus. Le Saint-Père m'a remercié et a dit qu'il allait prier pour elle.

Le Pape s'est alors intéressé à notre route. Je lui ai montré le Mont Cameroun, qu'on pouvait apercevoir de loin grâce à la visibilité qui était excellente. Comme c'était notre dernier vol avec lui, il a béni l'équipage et à remis à chacun un petit cadeau. Après l'atterrissage à Accra, nous avons pris congé du Pape et de sa suite.

Vers les années '90, Sa Sainteté le Pape Jean-Paul II recevait, dans un grand hangar de l'aéroport de Rome Fiumicino, les membres d'équipages du monde entier qui ont eu l'honneur de le piloter. La chef cabine Tara et moi faisions partie des invités.

J'ai aussi reçu de Rome un DVD qui retrace, non seulement les préparatifs de ce fameux vol par Air Zaïre, mais aussi son déroulement de Brazzaville à Accra, via Kisangani et Nairobi.

S.S. le Pape Jean-Paul II en conversation avec le PDG d'Air Zaïre, Mr. Geyero Tekule, lors du vol. Ici, entre Nairobi et Accra

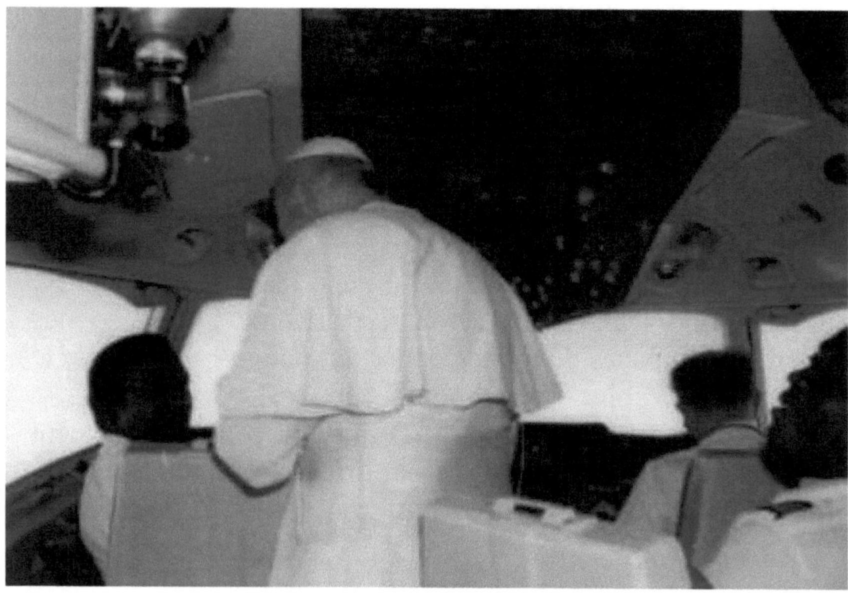

Le Pape dans le cockpit, en conversation avec le Cdt Diasolua, sur le même tronçon

21. Mission aux USA

En 1982, à la demande du conseiller spécial du chef de l'État congolais, M. Jean Seti Yale, j'ai été reçu en audience à l'Hôtel Intercontinental de Kinshasa par le beau-frère de M. Adnan Khashoggi, milliardaire saoudien bien connu, pour une mission aux États-Unis. Il était question de l'acquisition d'un DC-10 présidentiel par la République du Zaïre.

Après avoir reçu les informations nécessaires à ma mission, à savoir les adresses, les noms des personnes à contacter à New York et à Miami, les numéros de téléphone du DC-8 privé de M. Khashoggi, de son yacht ainsi que de ses villas sur la côte d'Azur et en Espagne, je suis allé dresser mon rapport au conseiller spécial Seti. Celui-ci m'a demandé de lui proposer deux noms de personnes susceptibles de m'accompagner. J'ai fourni ceux de Jean-Pierre Bongo, chef mécanicien DC-10, et Konde, ingénieur à la direction technique d'Air Zaïre.

La mission consistait à faire l'évaluation d'un DC-10, pour mettre fin aux multiples réquisitions et affrètements d'avions de la compagnie nationale, qui pénalisaient si souvent les passagers.

Quelques jours plus tard, je me retrouvai avec mon équipe à Bruxelles, où les dernières instructions du conseiller spécial m'ont été communiquées.

A notre arrivée à New York, un ancien pilote retraité, converti en intermédiaire dans les affaires d'aviation, nous attendait. Le lendemain, nous avons débarqué à Miami en vue d'entamer les discussions avec le propriétaire du DC-10 ex-Northwest. Malheureusement pour nous, il s'agissait d'un DC-10-40, alors qu'Air Zaïre et la majorité des compagnies aériennes utilisaient des DC-10-30.

Pour information, seules deux compagnies au monde avaient commandé des DC-10-40, à savoir Japan Airlines et Northwest.

Ce qui différenciait les deux types était le choix des moteurs : le DC-10-30 était équipé de moteurs G.E. (General Electric), alors que le DC-10-40 était pourvu de moteurs Pratt.

Quant à savoir si on pouvait remplacer les moteurs Pratt par des GE, la réponse était qu'il fallait aussi changer les pylônes moteurs, qui sont différents, occasionnant ainsi un surcoût.

Par ailleurs, si l'on optait quand même pour l'avion avec ses moteurs Pratt, on allait avoir un problème de standardisation au niveau de la maintenance et, en cas de panne moteur, il aurait été difficile de réparer l'avion sans avoir, en stock, un moteur Pratt de rechange. Alors qu'avec un GE, on aurait bénéficié des avantages des groupes ATLAS ou KSSU, où un stock était à disposition. Ainsi, on gagnerait non seulement en coûts de maintenance, mais aussi en malléabilité. Après avoir soupesé le pour et le contre, nous avons décidé de rédiger un rapport négatif.

A notre retour en Europe, le Président Mobutu, en visite privée à Paris, m'a reçu dans sa résidence de l'avenue Foch, où je lui ai fait rapport, verbal et écrit, de la mission. Après m'avoir écouté, il parut embarrassé et a fini par avouer que chaque fois qu'il réquisitionnait ou louait un avion d'Air Zaïre, il était l'objet de critiques. J'ai alors suggéré :

- Citoyen Président, pourquoi ne suivrez-vous pas l'exemple de votre frère, le Président Senghor du Sénégal, qui vient d'acquérir un B-727-200 VIP, équipé de réservoirs auxiliaires pour augmenter son autonomie de vol ?

Et d'ajouter que l'avantage du B-727 est de revenir beaucoup moins cher à l'exploitation qu'un DC-10. En outre, il s'agit d'un appareil plus modeste en rapport avec la situation économique que traversait le pays.

Après mon audition, il m'a remercié et a demandé à son conseiller Jean Seti de considérer ma proposition.

Par ailleurs, il convient de noter que le 10 novembre 1982, j'ai été élevé, par ordonnance présidentielle, avec les autres membres de l'équipage présidentiel, au rang de dignitaire de l'Ordre national du Léopard pour services rendus à la nation.

Trois mois plus tard, je fus reçu par M. Albert Mbiya, collaborateur du conseiller spécial Jean Seti, qui m'informa que la Présidence venait d'acheter un B-727 et que j'avais mission de choisir les membres d'équipage technique du futur avion présidentiel pour leur formation sur ce type d'aéronef.

En ma qualité de chargé de mission, je me suis mis sur la liste avec des collègues des vols présidentiels. Ma proposition a été acceptée moyennant le rajout d'un pilote militaire, le colonel Zinga. Le groupe proposé devait être détaché à la Présidence.

A part le commandant Lusamba et moi, personne d'autre d'Air Zaïre n'était au parfum. Nous attendions notre transfert à la Présidence, lorsque le commandant Léon Pourbaix, rentrant de Gbadolite, où séjournait le Président, a fait irruption dans la salle de réunions de la direction des opérations.

Devant les commandants Lusamba, Pierre François et moi, M. Pourbaix créa la stupéfaction en déclarant :

- Messieurs, je vous quitte. Le Président de la république m'a demandé de piloter son avion.

Médusés, nous nous sommes regardés, Lusamba et moi, sans mot dire. Nous étions déçus car, après tant d'années de bons et loyaux services, nous avons estimé que nous ne méritions pas un tel traitement. N'avions-nous pas piloté le Président partout à travers le monde sans incident majeur ?

Le comble est que, par ce fait, on venait de confier toute la responsabilité de l'avion présidentiel à un étranger, au détriment des fils du pays, qui n'ont jamais failli à leurs nombreuses missions pour le compte du chef de l'État.

Quelques mois plus tard, après lui avoir fait part de ma profonde déception, l'ambassadeur Jean-Pierre Kimbulu, proche du Président, m'a prié de ne jamais me plaindre à ce sujet ni d'en parler à qui que ce soit, car c'était la volonté du chef.

Après plus de deux ans à la tête de la compagnie nationale, la société UTA a décidé de se retirer de la gestion d'Air Zaïre pour non-respect des clauses du contrat par l'État zaïrois. C'est dans ce cadre que je me suis retrouvé, avec le ministre des Transports et Communications Mokolo wa Pombo ainsi que l'ambassadeur Kimbulu au restaurant « La Maison du Bœuf » de l'hôtel Hilton à Bruxelles, pour débattre de la situation.

En réponse à une question, j'ai proposé le nom du commandant Lusamba, qui était déjà DGA pendant la gestion française, au poste de PDG. L'ambassadeur a alors rétorqué :

- Pourquoi pas toi ?

- Je me vois bien directeur des opérations, lui répondis-je avant d'ajouter :

- Je vois mal comment l'Etat pourrait accepter mes conditions pour la relance d'Air Zaïre.

En effet, j'étais en faveur de la création de « New Air Zaïre », en partenariat avec la Sabena, afin de bénéficier du réseau informatique du groupe auquel appartenait la compagnie belge, lequel incluait d'autres compagnies aériennes, dont américaines.

Pendant la gestion française, j'étais déjà adjoint au directeur des opérations, le commandant Pierre François d'UTA. De ce fait, il était légitime que je puisse ambitionner de lui succéder. Après nous avoir écoutés, le ministre rétorqua :

- Pour cette fois encore, le futur PDG ne sera pas un produit Air Zaïre, mais il sera politique.

C'est ainsi qu'une ordonnance présidentielle nomma M. Yuma Morisho PDG d'Air Zaïre et le commandant Lusamba adjoint, tandis que je devins administrateur directeur des opérations.

Dès sa prise de fonction, le PDG me dépêcha auprès de Singapour Airlines pour un stage sur la gestion des opérations aériennes et terrestres, puis à Aix-en-Provence à l'IFURTA (Institut de Formation universitaire et de recherche en Transport aérien) en France, sur le transport aérien et le choix des avions.

En ma nouvelle qualité, je prenais désormais part aux réunions du Comité de gestion et du Conseil d'administration. C'est à ce moment là que j'ai pris réellement conscience du gouffre dans lequel pataugeait Air Zaïre et qui va finalement l'emporter.

22. Voyage en Israël

En 1985, lors d'un meeting à Kinshasa, le Président Mobutu annonça en grande pompe la reprise des relations diplomatiques avec l'État d'Israël. Ces relations avaient été rompues plus de dix ans auparavant.

En effet, lors de son discours à l'ONU en 1973, le Président Mobutu, qui avait reçu sa formation de parachutiste en Israël, avait déclaré qu'« entre un ami et un frère, le choix est clair ». L'ami, c'était Israël et le frère, l'Arabe, le Palestinien.

Cette annonce a fait l'effet d'une bombe auprès de la population, qui estimait que Mobutu prenait là un risque inconsidéré, suite à la tension qui existait entre les Israéliens d'une part et les Palestiniens et le monde arabe de l'autre.

Dans son adresse à la population, le Président a ajouté que même si les Arabes ne sont pas d'accord, la future ambassade zaïroise en Israël se situerait à Jérusalem et non à Tel-Aviv. Cela pour bien montrer et souligner la détermination, l'indépendance et la souveraineté du Zaïre. Heureusement, cette ambassade est demeurée à Tel-Aviv.

Mais ce qui m'a le plus surpris est qu'avant ce meeting, Mobutu revenait du Caire, le 28 mars 1985, et que rien ne laissait présager une décision aussi lourde de conséquences. La réaction arabe fut immédiate.

Après l'annonce de renouer avec l'Etat hébreux, à l'unanimité, les pays arabes ont condamné la décision zaïroise. Certains sont allés jusqu'à proférer des menaces de mort sur la personne du Président zaïrois.

Afin de sécuriser l'exploitation aérienne zaïroise et indépendamment de la formation qu'on avait reçue aux USA en cas d'acte illicite, il a été décidé l'entraînement de troupes de la Division spéciale présidentielle (D.S.P.) à la reconquête et la prise de contrôle en cas de détournement d'un avion par une force hostile. Air Zaïre a été obligé de mettre deux machines (un DC-10 et un DC-8) à la disposition de ces troupes pour leur formation à l'aéroport de Ndjili.

Les équipages d'Air Zaïre vivaient dans la hantise d'un détournement ou d'une prise d'otage. C'est là que Jean Seti, chef du Conseil national de Sécurité, me confia la mission de me présenter à l'ambassade d'Israël à Kinshasa, où j'étais attendu pour préparer le voyage du Président à Tel-Aviv.

J'étais très inquiet à l'idée que, pour atteindre Israël, nous devions survoler des pays arabes. Pour la première fois, j'allais discuter de la route de l'avion présidentiel avec une ambassade d'un pays étranger, alors que les seules interventions des ambassades des pays précédemment visités se limitaient à l'octroi des visas aux membres d'équipage.

C'est ainsi que je me suis présenté avenue des Aviateurs, au premier étage de l'immeuble qui abrite l'ambassade d'Israël à Kinshasa, muni d'un porte-document en cuir. Je me suis retrouvé devant une porte ayant, à sa droite, une baie vitrée carrée, une sonnette et un petit haut-parleur.

Après avoir sonné, une voix m'a demandé de décliner mon identité. Elle m'a ensuite prié de placer mon porte-document ainsi que mon passeport contre la baie vitrée. Après cinq minutes, la porte s'est ouverte automatiquement et, à peine entré, elle s'est refermée derrière. Je me retrouvai ainsi coincé entre deux portes.

Une minute après, une deuxième porte s'est ouverte et un homme en uniforme a pris mon porte-document ainsi que ma carte d'identité avant de disparaître. J'ai commencé à m'énerver sérieusement, en me demandant ce qui se passait. Enfin, la porte s'ouvrit de nouveau et un civil est entré en me priant de le suivre.

Nous nous sommes retrouvés dans une salle où était assis un homme impeccablement habillé, qui m'a été présenté comme étant M. Avital, ambassadeur d'Israël au Zaïre.

Les présentations terminées, il a fait venir deux autres personnes, certainement des officiers du Mossad (Service secret israélien), qui avaient l'ordre de discuter avec moi du voyage présidentiel.

Après avoir récupéré mon porte-document et ma carte d'identité, j'ai répondu aux questions qu'ils me posaient sur mes relations avec la personne qui m'avait envoyé. Ensuite a commencé l'important volet relatif à l'analyse des routes qu'Air Zaïre proposait, les contre-propositions, les avis de Tel-Aviv et, surtout, le point épineux du survol du Soudan ainsi que de la Mer Rouge comme le souhaitait Israël. Il m'a fallu deux autres rencontres avec mes interlocuteurs pour arriver à un compromis.

Le 12 mai 1985, quelque part au-dessus de la mer, un groupe de chasseurs KFIR de fabrication israélienne nous a escortés jusqu'à l'atterrissage à Ben Gourion Airport de Tel-Aviv. Je roulais encore sur la piste quand l'escorte est passée au-dessus de nous, en laissant échapper un panache de fumée noire.

Quelques minutes après avoir parqué l'avion, j'ai vu atterrir et s'éloigner discrètement, du coté des hangars militaires, un B-707 de guerre électronique, qui avait assuré notre couverture aérienne.

Le séjour en Israël, tout comme le retour au Congo, s'est déroulé sans encombre. Mais il s'agissait tout de même là du voyage le plus éprouvant qui m'ait été permis d'effectuer. Pendant le vol retour, je n'ai pu m'empêcher de penser à feu le Roi Fayçal d'Arabie qui, dix années auparavant, avait réservé un accueil chaleureux au Président Mobutu. Je garde de lui le souvenir d'une montre Omega en argent qu'il m'avait offerte à cette occasion.

23. Turbulences sévères en air clair

Le 23 décembre 1986, j'ai atterri à l'aéroport de Bruxelles National, en provenance de Kinshasa via Rome. Mon vol retour était prévu le soir du 25 décembre. Rien à ce stade ne laissait présager ce que nous allions vivre cette nuit de Noël, au-dessus du Sahara.

En effet, après avoir réceptionné et contrôlé notre plan de vol informatisé, j'ai constaté qu'il prévoyait de la turbulence légère et modérée après le passage de la ville d'Agadès, en Algérie. J'en ai discuté avec mon équipage et j'ai estimé que le vol risquait d'être chahuté au passage d'Agadès, vu le gradient turbulence affiché.

Pour information, les plans de vol informatisés que nous recevions de Londres étaient si bien élaborés qu'ils concordaient à près de 95 % avec la réalité, du point de vue vitesse sol, vents en altitude, températures extérieures, consommations ainsi que gradient turbulences le long de la route et selon l'endroit.

Pour mieux comprendre ce qui va suivre, il convient de savoir que la rencontre des turbulences sévères en altitude a été expérimentée par plusieurs types d'avions à travers le monde, avec comme conséquence des blessés parmi les passagers et des membres d'équipage cabine.

La particularité des vols dans les turbulences sévères ainsi que leurs conséquences en termes de blessés ne doivent pas être prises à la légère. En effet, il y a plus de blessés dus aux turbulences sévères qu'aux évacuations après un incident ou un accident.

Indépendamment des avions militaires, la plupart des appareils civils sont conçus pour encaisser 1 G en négatif, soit une fois leurs poids, et 2,5 G en positif, soit deux fois et demie leurs poids. Mais, en cas de turbulence, il y a une association de trois éléments : l'atmosphère, l'avion et le pilote. Pour comprendre le rôle et la contribution de ces trois aspects, la sévérité de toute turbulence est associée à l'accélération et ses effets sur le vol. On dénombre ainsi :

- La turbulence légère : avec une accélération comprise entre 0,05 g et 0,2 g, avec pour effet des fréquentes oscillations en roulis et tangages, qui agissent sur le confort des passagers ;
- La turbulence modérée : avec une accélération comprise entre 0,2 g et 0,5 g, entraînant des secousses intermittentes et fortes ;
- La turbulence sévère : avec une accélération comprise entre 0,5 et 1,5 g, ce qui affecte le contrôle même de l'avion ;
- La turbulence très sévère : avec une accélération supérieure à 1,5 g, totalement inacceptable pour le confort des passagers.

Ainsi, le 25 décembre 1986 vers une heure du matin, je décollai de Rome avec le plein de passagers. Lors de ma première annonce, j'ai prévenu que le vol risquait d'être mouvementé après Agadès et que le bon sens suggérait de garder la ceinture de sécurité attachée pendant le vol.

De Rome à Agadès, je volais à une altitude de 29 000 pieds. Au passage de la ville, le plan de vol prévoyait un changement de route et d'altitude. Dès que j'ai atteint 33 000 pieds, soit dix mille mètres, les turbulences ont débuté, comme le prévoyait le plan de vol informatisé. J'ai allumé le signal lumineux *« Attachez vos ceintures »* et, dans les secondes qui ont suivi, les turbulences ont viré de modérées à sévères.

Je suis alors passé en mode Turbulence, ce qui me permettait de voler au travers du pilote automatique. J'ai alors demandé à mon copilote d'informer Alger Control qu'à la suite de fortes turbulences, nous comptions descendre à 29 000 pieds. J'ai ensuite prié le personnel cabine de s'asseoir et de s'attacher.

Il est de notoriété publique qu'en cas de fortes turbulences, le pilote doit être attentif aux changements de températures TAT et SAT (total et standard air temperature). Quand elles diminuent brusquement, il est conseillé de réduire son altitude, dans le but d'augmenter sa protection et ainsi éviter l'effet de ricochet, comme quand on lance une pierre sur une surface d'eau.

Ayant reçu l'autorisation d'Alger pour une altitude de 29 000 pieds, j'ai entamé ma descente. Mais, progressivement, l'avion devenait difficilement contrôlable. J'ai alors sollicité 27 000 pieds. Seulement, entre les deux altitudes, l'appareil a encaissé de violentes accélérations verticales d'une ampleur telle que le variomètre, indicateur du taux de montée et de descente, s'affolait et indiquait des taux de plus de 6 000 pieds/minute de montée et de descente et ce, en une fraction de seconde.

De même, les palettes et containers se sont mis à sautiller dans les soutes, en émettant un bruit sourd du genre « bang, bang, bang ». Heureusement, ils sont tenus par des locks. Mais il y a tout de même un espace vide entre la base de la palette et le sommet du lock. D'où les bruits que nous percevions depuis le cockpit.

L'avion était si secoué que la seule manœuvre à réaliser consistait, à mon avis, à tenter de maintenir les ailes droites. Mais dans l'impossibilité de stabiliser l'appareil à 27 000 pieds, j'ai demandé de descendre à 25 000. C'est à ce moment-là que nous avons encaissé le maximum des G. Et, au passage de 25.000 pieds, j'ai entendu mon copilote dire :

- Deux fois comme cela et je change de métier.

Pressentant un début de panique, j'ai hurlé à son endroit :

- Tais-toi et tiens les commandes avec moi.

Il s'est exécuté et a repris son rôle de membre d'équipage. Du cockpit, on entendait les cris et les pleurs des passagers. Les secousses étaient d'une telle violence qu'intérieurement, je me disais : « Quelque chose va lâcher si ça continue ». Même les instruments sont devenus presqu'illisibles au passage de 25 000 pieds, à force d'être secoués.

Nous étions au-dessus du désert, en vol de nuit, et je ne pouvais pas continuer à descendre. À 21 000 pieds, mois de sept mille mètres, j'ai décidé de me stabiliser à cette altitude, parce que j'étais en mesure de contrôler l'avion à ma guise.

J'ai demandé au mécanicien navigant si, avec ce qui nous restait de carburant, nous pouvions tenir à cette altitude plus ou moins 30 minutes, le temps de laisser la zone de turbulence derrière nous. Sa réponse était sans équivoque :

- Non, a-t-il répliqué.

Après quinze à vingt minutes à 21 000 pieds, j'ai alors confié à mon copilote :

- La zone de turbulence sévère doit à présent être derrière nous ; je n'ai plus d'autre choix que de remonter. Demande à Alger le niveau de vol 370, soit 11 700 mètres.

J'ai alors parlé aux passagers en vue de les rassurer, en les informant que la situation était sous contrôle, que nous étions à trois heures de vol de Kinshasa et qu'il convenait de prendre son mal en patience. A 37 000 pieds, nous avons eu des turbulences modérées, jusqu'à notre arrivée à Kinshasa.

A l'ouverture des portes et lorsque les passagers ont mis les pieds sur le tarmac de l'aéroport de Ndjili, j'en ai vu qui embrassaient le sol. C'était émouvant, mais je les comprenais après de fortes secousses pendant lesquelles ils sont restés attachés pour le reste du vol jusqu'à Kinshasa.

En tout cas, de toute ma carrière de pilote, soit 37 ans, je n'ai jamais été confronté à un phénomène d'une telle ampleur. La peur est humaine, dit-on, et en tant que pilote, il m'est arrivé d'être anxieux. C'est peut-être pour cela que je suis resté en vie. Mais je n'ai jamais paniqué, car une personne qui ne se contrôle plus perd 50 % de ses moyens de réaction.

Le phénomène auquel nous avons été confrontés au cours du vol était dû à un jet-stream, un courant jet soufflant d'ouest en est à une vitesse de 180 nœuds, soit 336 km/h, et perpendiculaire à notre route. Les mécaniciens sol, après un contrôle visuel, ont découvert que certains rivets avaient sauté.

J'ai ensuite dressé mon rapport écrit pour relater l'incident. De même, comme Air Zaïre était sous la gestion d'UTA, les DC-10 et DC-8-63 étaient équipés de mouchards, qui étaient analysés à chaque passage à Paris. La compagnie française pouvait ainsi se rendre compte de la manière dont les équipages se conformaient aux procédures et savoir si les avions étaient utilisés selon les normes compagnie.

Quinze jours après l'analyse du mouchard du DC-10, M. Pierre François, directeur des opérations et dont j'étais l'adjoint, m'appela dans son bureau. Là, il me tendit la main, avant de dire :

- Cher Simon, félicitations. Tu viens de très loin. Après l'analyse de ton vol, il s'avère que ton avion a encaissé 1,87 g en positif et 0,9 g en négatif.

J'ai alors compris pourquoi certains rivets s'étaient détachés. En effet, j'étais presque à la limite structurale de l'avion en négatif : 0,9 g contre 1 g et 1,87 g contre 2,5 g en positif.

Suite à cet incident de la turbulence en air clair, j'ai souffert de douleurs aux bras pendant une semaine, à force de m'être battu avec l'avion et les éléments.

Aujourd'hui encore et ce, malgré la sophistication des avions modernes, il arrive que les équipages soient surpris, pour la simple raison que la météo n'est pas une science exacte. Ce n'est que récemment que les fabricants ont mis au point des radars qui détectent les micro-rafales et les vents de cisaillement.

24. L'incident de Genève

Au moment où on allait procéder à la fermeture des portes des soutes du DC-10, sur le tarmac de l'aéroport de Bruxelles, pour une mise en place sur Genève où séjournaient le Président du Zaïre et son épouse, un agent du protocole d'État nous a demandé d'attendre les bagages de la famille présidentielle en provenance du Château Fond'Roy, la propriété de Mobutu à Uccle, dans la banlieue de Bruxelles. En lieu et place des valises, on a vu arriver quatre ou cinq palettes pleines à craquer, qu'on a ensuite chargées dans les soutes de l'avion.

A l'arrivée à Genève, on nous a informés que le décollage à destination de Gbadolite, au nord-ouest du Zaïre, était prévu le lendemain matin à 7 heures locales.

L'hôtel était situé à côté de l'aéroport et le réveil fut fixé à 4 heures pour être à bord de l'avion à 5 heures 15 minutes.

Vers minuit, alors que je dormais profondément, je fus réveillé par un coup de fil émanant de mon collègue Edouard Lusamba, qui m'informa que le Président lui-même venait de le tirer du lit, se plaignant du fait que les membres d'équipage avaient rempli les soutes de l'avion avec leurs effets personnels. Cet acte est, dit en passant, strictement interdit pour des raisons évidentes de sécurité. Il fallait tout décharger nuitamment, avant l'arrivée du Président à bord, sinon ...

Après avoir rappelé au chef cabine et à son équipe le respect de la réglementation qui nous régit en matière de bagages personnels, force était de constater qu'aucun membre d'équipage ne s'était soustrait à cette règle. Air Zaïre n'ayant pas de représentation à Genève, nous avons alors contacté MM. Kimbulu, alors ministre conseiller à l'ambassade, Mpeti, représentant de la compagnie, et Bangala, directeur cargo, tous à Bruxelles, afin d'élucider ladite nébuleuse de bagages encombrant les soutes du DC-10 présidentiel.

Vers deux heures du matin, nous avons su qu'il ne s'agissait en réalité pas d'effets de la famille présidentielle, mais ceux de gardiens du château Fond'Roy, qui avaient l'habitude de tirer profit des vols présidentiels pour faire fructifier leur business.

Il est inutile de décrire notre état d'esprit en ce moment-là, car on ne pouvait imaginer un seul instant le Président réveillant personnellement son pilote à la veille d'un départ long courrier, pour un manque de place dans les soutes.

On apprendra par la suite que l'incident était consécutif au fait que l'épouse du Président avait acheté un tracteur agricole à Genève, mais qu'elle s'était retrouvée dans l'impossibilité de le faire embarquer dans la soute principale.

A 5h15, à peine étions-nous installés à bord que le Président est arrivé, ce qui était inhabituel. Il s'est assis sur le siège derrière le mien (le siège observateur). Sans prononcer un mot, il nous regardait préparer l'avion.

D'habitude, le Président, toujours ponctuel, arrivait à bord cinq minutes avant la mise en route des moteurs. Mais cette fois-ci, il accusait une avance d'une heure quarante minutes. Ce qui nous mettait dans une situation inconfortable, augmentait notre stress et pouvait mettre en danger la sécurité du vol.

Nous avons voulu savoir s'il y'avait un changement de destination, mais le Président nous a assurés que rien n'avait été modifié, qu'il n'y avait aucun problème et que nous devions simplement accomplir notre travail.

Durant les cinq heures de vol entre Genève et Gbadolite, il régnait un silence pesant dans le cockpit. Nous apprendrons plus tard qu'il n'avait pas apprécié le comportement indigne de ses gardiens, qui nous avaient accusés à tort à propos des bagages.

25. Expert Enquêtes et Accidents

a. La situation après la libéralisation

Lors de mes différents stages, je me suis spécialisé dans le domaine combien difficile et éprouvant d'enquêteur, en qualité d'expert. Ma toute première mission remonte à l'accident de l'avion cargo du type Electra, immatriculé 9Q-CWT et appartenant à la famille Litho Moboti. La catastrophe est survenue le 4 février 1986 à Matari, dans la province du Bandundu, à quelques kilomètres de la frontière avec l'Angola.

Le transport aérien venait d'être libéralisé au Zaïre. Les compagnies aériennes privées ont alors commencé à pousser comme des champignons. En très peu de temps, le Zaïre compta près d'une centaine de sociétés privées, entraînant une concurrence sévère.

Comme toutes ces entreprises opéraient uniquement sur certaines routes rentables – Kinshasa, Lubumbashi, Mbuji Mayi, Goma et Tshikapa notamment - le reste du Zaïre s'est retrouvé enclavé, par absence d'entretien des routes.

On a alors assisté à un bradage généralisé des prix, avec comme conséquence le non-respect des recommandations de l'OACI (Organisation de l'aviation civile internationale) en matière de maintenance, de formation, de maintien des qualifications des équipages, de documentation, etc.

L'aéronautique zaïroise travaillait à partir des textes de lois désuets, datant de 1954 et donc bien avant l'indépendance, et ne faisait rien pour améliorer la situation. Ce n'est que récemment, cinquante ans après son indépendance, que le Congo s'est doté d'un Code de l'air.

Dans l'entre-temps, les agents de la Direction de l'aviation civile étaient démotivés par des salaires insignifiants. Il ne faut pas non plus oublier les interventions politiques dans la gestion de cette direction, lesquelles ont fini par avoir raison de l'indépendance de celle-ci, techniquement parlant.

C'est dans ce cadre d'ailleurs que le Congo détient le triste record d'accidents d'avions en Afrique, malgré les recommandations de plusieurs commissions d'enquêtes.

Pour ma part, j'ai eu à instruire plusieurs cas d'accidents d'avions, mais le plus grave de tous fut le crash de l'Antonov 32, le 8 janvier 1996, sur le Marché Type K à Ndolo, à Kinshasa.

Si le parc congolais est encombré d'avions déclarés fin terme sous d'autres cieux, c'est simplement parce que les dirigeants n'ont aucune politique définie en matière aéronautique pour leur pays à l'instar du Nigeria, qui a réellement entamé des reformes ayant aujourd'hui donné satisfaction.

Les principales raisons qui m'ont poussé à proposer que les choses changent en République démocratique du Congo sont : le souci du respect de la réglementation internationale en matière de transport aérien ainsi que son application et, surtout, la remise de ce pays sur l'orbite de ceux œuvrant pour le développement du transport aérien dans le monde.

Comme le transport aérien en RDC est en pleine mutation et que le pays s'est doté d'un Code de l'air depuis début 2012, bien que celui-ci attende encore son application, nous avons le devoir de minimiser les conséquences des accidents, qui affectent directement les ressources humaines et financières disponibles.

Certains peuvent s'interroger pourquoi un Code de l'air. Ils devraient tout simplement savoir que la Convention de Chicago et ses annexes contiennent des obligations dans le chef des États qui ont approuvé, signé ou ratifié ce texte et non dans celui des personnes privées, c'est-à-dire les ressortissants de ces États. En clair, pour que les compagnies aériennes se sentent concernées, l'Etat doit les obliger à s'y conformer à travers un texte de loi, qui est le Code de l'air.

C'est dire que par son approbation, la RDC a l'obligation de s'engager à incorporer les prescrits de la convention et ses annexes dans sa législation. Ces dispositions lient les personnes privées dès qu'elles sont introduites dans la loi.

Un adage stipule que prévoir c'est guérir. Il ne faut donc pas attendre une autre catastrophe du genre Type K pour agir. En effet, vu l'état de délabrement de l'aviation congolaise, les décideurs doivent être conscients des risques et, de ce fait, être exigeants dans l'application de la réglementation.

b. Le cas du Nigeria

Le Nigéria, qui a connu les mêmes problèmes que la RDC, a réalisé des réformes qui ont porté leurs fruits. L'Aviation civile nigériane a débuté ses réformes en 2006 pour assainir son secteur aérien, renseigne Syfia international dans son rapport de 2002.

En effet, rien qu'en 2005, une série de crashes avaient causé la mort de 430 personnes, poussant ainsi les autorités à réagir. Les premiers résultats ont été la construction d'enceintes en fer barbelé autour des vingt-trois aéroports auparavant sans clôture, l'agrandissement des pistes d'atterrissage, l'apparition de nouvelles compagnies qui investissent des milliards de dollars dans l'acquisition d'avions neufs, le recrutement d'agents mieux qualifiés, etc.

Deux ans plus tard, soit en 2007, l'aviation civile nigériane a connu sa meilleure année avec zéro accident et zéro atterrissage en catastrophe.

Pourtant, il n'y a pas si longtemps, le secteur aéronautique du Nigeria, l'un des plus meurtriers du monde, enregistrait encore en moyenne trois catastrophes par an, avec des avions qualifiés de « cercueils volants ». Plusieurs raisons, dont les dysfonctionnements des structures publiques, expliquaient ces accidents. De même, les compagnies accordaient des pots-de-vin aux agents de l'aéronautique afin d'échapper aux inspections.

Sans grandes ressources financières, la plupart des opérateurs achetaient et utilisaient des appareils vétustes, âgés parfois de 25 à 40 ans. Le rapport fait aussi état de la complicité active de certaines autorités politiques jugées corrompues et parfois actionnaires de l'une ou l'autre compagnie.

Aussi, à la suite d'un audit, le gouvernement avait limogé quatorze responsables de l'Autorité de l'aviation civile, interdit l'exploitation d'appareils dégradés et ordonné aux opérateurs d'en acquérir du neuf au plus tard le 1e avril 2007. Par ailleurs, ces compagnies ont été sommées de s'acquitter d'une caution de 3 à 11,5 millions €, selon qu'elles exploitent le réseau intérieur ou international.

Comme résultats, onze des seize compagnies ont disparu, alors que quatre autres ont vu le jour : Virgin Nigeria, Arik Air, Dana Airways et Aero Contractor. Ces opérateurs privés, financièrement solides, se disputent actuellement l'espace aérien nigérian. Plus stricts sur le respect des normes, ils évitent les surcharges de bagages et de passagers.

De son côté, le gouvernement a réhabilité l'école nationale d'aviation de Zaria, pour reprendre la formation des pilotes. Avec le soutien des bailleurs comme la Banque mondiale, l'État renforce la sécurité en installant des centres de contrôle des appareils, des radars ainsi que des scanners dans les aéroports et envisage de privatiser certains aéroports dont celui de Lagos, afin d'améliorer la gestion.

26. Accident du marché Type K

Je venais de boucler le rapport final d'enquête technique sur l'accident d'Electra zaïrois à Jamba, en Angola. Mais à peine arrivé au ministère des Transports et Communications, où était logé le bureau de la Commission d'enquête, un des conseillers du ministre m'informa du crash de l'Antonov 32, qui venait de se produire au décollage de Ndolo vers 13h40 locales.

Dix minutes auparavant, je venais d'emprunter l'avenue Bokassa qui coupe la piste de cet aéroport, à hauteur du marché dit Type K. Mon épouse, qui me conduisait au ministère à bord de sa voiture, avait émis une réflexion à cette occasion, sur le danger que représentait le marché, situé en bout de piste.

Accompagné de trois membres de la commission Jamba, je suis immédiatement reparti vers le lieu de l'accident, où une scène apocalyptique m'attendait. En effet, il y avait des cadavres partout. L'appareil en cause était encore en feu au bout du marché, à près de 150 mètres au-delà de l'avenue Bokassa.

Ce qui choqua de prime abord était la découverte de la tête décapitée d'un enfant, mais dont je ne voyais pas le reste du corps. Tout était entremêlé, dans un désordre indescriptible. Les échoppes avaient été pulvérisées le long du sillage laissé par l'Antonov, avec des dégâts à peine imaginables.

L'avion était entré dans le marché avec ses hélices tournantes, entraînées par des moteurs de 5 000 chevaux chacun. Chaque objet que touchaient les hélices devenait ainsi un projectile au même titre qu'une balle de fusil. Au décompte des morts et à l'évaluation des dégâts occasionnés, il s'agissait sûrement de la catastrophe aérienne la plus meurtrière que l'Afrique ait connue.

Des personnes étaient déchiquetées ou atrocement mutilées de chaque côté du sillage de l'avion, sur environ 15 mètres de large et 150 mètres de longueur. Pour appréhender l'exacte ampleur du drame, il fallait être présent sur ces lieux, un marché à l'heure de grande affluence et complètement rouge de sang.

Mis à part deux camions des pompiers de l'aéroport de Ndolo que j'ai trouvés sur place, les renforts sont arrivés de l'Onatra (centre-ville) et de l'aéroport de Ndjili (sud), en même temps que moi, soit vingt minutes après le drame. Mais, les véhicules étaient quasiment vides de produits d'extinction.

Malgré la présence des agents de l'ordre, les pilleurs étaient parvenus jusqu'à la partie arrière de l'avion, encore en feu, pour dérober la cargaison de boîtes de conserve, de sel, de cigarettes et autre. Mais, contrairement à la rumeur qui s'était propagée, il n'y avait pas d'armes à bord, aux termes de l'enquête.

Les pilleurs s'en donnaient à cœur joie, nonobstant les mises en garde, jusqu'au moment où s'est produite l'explosion des deux réservoirs d'ailes qui, heureusement, n'ont pas fait de victimes.

Alors que je dressais mon rapport par téléphone à l'attention du ministre, mon portable m'a été arraché par les gardes du corps du général commandant la ville de Kinshasa, qui me soupçonnaient d'informer l'extérieur, alors même que les correspondants de la presse étrangère se trouvaient déjà sur place. Le téléphone me sera rendu un quart d'heure plus tard sur ordre personnel du général, avec des excuses en prime.

Mais, que s'est-il réellement passé ce jour-là au marché Type K de Ndolo, sur l'avenue Bokassa, à Kinshasa ? L'accident était d'une telle violence et ses rebondissements aussi complexes que controversés qu'il nous a paru important d'y revenir.

a. L'aéroport de Ndolo

L'ancienne piste de Ndolo s'étendait sur 1 600 mètres de long avant la construction de l'avenue Bokassa, qui a coupé la partie ouest de la piste. Il en est aujourd'hui resté 1 300 mètres utilisables. L'aéroport était jusqu'alors desservi par l'aviation générale ainsi que par des hélicoptères de l'armée de l'air.

Les riverains ont profité de la coupure du terrain et de la partie restée vacante, au-delà de la nouvelle avenue ainsi créée, pour ériger anarchiquement un marché sur une bande de près de 300 mètres de long, que l'avenue a séparée du reste de la piste.

Mais au lieu d'interdire cette implantation, les autorités de la ville ont avalisé sa réalisation, en dépit des lettres de protestation lancées par les différents PDG qui se sont succédé à la tête de la Régie des Voies aériennes (R.V.A.), entreprise de l'Etat responsable des infrastructures aéroportuaires, lesquelles expliquaient avec force détails les dangers que représentait ce marché pour la sécurité aérienne et celle des personnes.

La piste, d'une largeur de 30 mètres, se trouve à une hauteur de 950 pieds (plus ou moins 300 mètres) avec un revêtement en asphalte.

b. Antonov 32B

L'avion accidenté était un full cargo fabriqué à Kiev par la Société Kiapo, en 1990. Il totalisait à peine 369 heures de vol au 22 août 1995. Il avait le certificat de navigabilité n° 3573 délivré le 28 novembre 1994 et valable jusqu'au 15 février 1997.

L'appareil a été conçu, à la demande de l'Inde, pour opérer par temps chaud sur des pistes situées en altitude. Ainsi, il lui fallait des moteurs puissants, de 5 000 chevaux chacun. Même au poids maximum de 27 tonnes, ce type d'avion est capable de décoller sur 700 mètres, dans des conditions normales.

Pendant les trois mois précédant l'accident, l'avion avait subi, à Ndolo, une inspection de 300 heures effectuée par une équipe venue de Kiev. Il est à noter que lors du contrôle, la commission technique de l'aéronautique civile du Zaïre avait formulé des réserves sur certains points.

Il ressort du dossier remis à la commission d'enquête par le directeur de l'aéronautique civile que l'avion en question était entré frauduleusement au Zaïre, en violation de l'arrêté ministériel n° 409/CAB/MIN/TC/011/95 du 30 mars 1995 portant réglementation des conditions d'importation d'un aéronef.

Au lieu de dénoncer l'importation frauduleuse de l'Antonov 32, le directeur de l'Aviation civile a délivré le 4 septembre 1995 à Scibe Air-Lift, qui l'exploitait, l'autorisation de circulation n° 416/DAC/TC/410/95, valable au-dessus du territoire zaïrois et renouvelée le 20 décembre 1995 pour une durée de trois mois.

En définitive, l'importation de l'avion accidenté n'a jamais été autorisée par l'arrêté du ministre compétent et son entrée non couverte par une autorisation de survol et d'atterrissage.

Selon la déposition du commandant de bord, M. Kazarine Nikolay, devant la commission, la destination finale du vol était Luzamba, en territoire angolais. Il s'agit donc d'un vol international non régulier devant requérir l'autorisation préalable du ministre des Transports et Communications du Zaïre ainsi que des autorités angolaises. Ce qui n'a pas été le cas.

c. Déroulement du vol

De l'analyse des déclarations de l'équipage, les points ci-après sont à relever :

- Pendant le décollage et jusqu'à 100 km/h, l'accélération était normale ;
- Après 100 km/h, l'accélération s'est dégradée. L'équipage s'en est rendu compte à plus ou moins 200 m du bout de la piste ;
- A 190 km/h, l'équipage a appliqué la rotation. Normalement, à 210 km/h le nez de l'avion devait se soulever ;
- La vitesse de 210 km/h correspondait à la vitesse de décision pouvant permettre d'arrêter le déroulement du décollage en cas de problème majeur.

La vitesse de décollage pour ce vol en particulier était de 230 km/h. Mais à 200 m du bout de la piste, la vitesse n'était que de 200 km/h. Le commandant a réalisé en ce moment-là qu'il n'était plus en mesure de décoller sur la partie restante de la piste.

Si l'avion n'a pas été capable de décoller sur une piste longue de 1 300 mètres, alors que les conditions météorologiques étaient propices, c'est qu'il existait un problème.

A la question de savoir si un des moteurs avait lâché avant la vitesse de décision, la réponse de l'équipage est négative. A celle relative au blocage des commandes de vol à la rotation, la réponse est aussi négative. Quant à savoir s'il y avait un problème de surcharge, les réponses sont livrées dans les lignes qui suivent.

L'Antonov 32 est équipé de moteurs très puissants. Conçu pour opérer par temps chaud sur des pistes situées en altitude, il dispose de moteurs dont la puissance est quasiment le double de son équivalent, l'Antonov 24. Avec les conditions météo du jour de l'accident, l'avion pouvait décoller en conditions normales sur une longueur de 600 mètres.

De ce qui précède, il y a lieu de conclure que la dégradation de l'accélération était provoquée par une cause autre que les moteurs, la surcharge ou le blocage des commandes.

Une autre cause pouvant provoquer une dégradation de l'accélération est une piste contaminée par l'eau ou la neige, ou alors un blocage des freins. Mon appréciation se dirigeait plus vers un blocage des freins, après que le copilote a indiqué que la veille de l'accident, l'avion avait subi un changement de blocs de freins. Le commandant Kazarine a également confirmé cette version dans son procès-verbal du 9 janvier 1996.

En effet, tout mauvais réglage des freins peut entraîner une dilatation de ceux-ci par échauffement, même lorsque l'on roule à petites vitesses, avec comme conséquence la dégradation de l'accélération au décollage.

A la vitesse de 200 km/h, il était impossible au commandant d'arrêter une masse de près de 26 tonnes sur la distance restante de 200 mètres.

Même s'il avait ordonné de couper les moteurs dès la sortie de la piste, l'accident aurait quand même occasionné des victimes et des dégâts, mais à moindre échelle, car les hélices auraient perdu de leur force de rotation.

Tels étaient à ce stade de l'enquête les avis et considérations de la sous-commission technique sur le déroulement du vol et ses conséquences, laquelle était placée sous ma responsabilité.

Par ailleurs, en dehors des victimes au sol, il y avait un total de six personnes à bord de l'appareil. Il s'agissait de MM. Nicolay Kazarine, commandant de bord, Andrei Gouskov, copilote, Andrei Korovikhin, mécanicien navigant, Andrei Beliaev, navigateur et unique tué de l'équipage, Sergei, navigateur et seul blessé de l'équipage, tous de nationalité russe, ainsi qu'un sujet zaïrois non autrement identifié jusqu'à la clôture de l'enquête, porté disparu.

d. Sur les obligations

Conformément aux dispositions des annexes 2 et 14 de la Convention de Chicago relative à l'aviation civile internationale et de l'article 77 de l'ordonnance n° 62-321 du 8 octobre 1955 relative à la navigation aérienne, les différents PDG de la RVA ont maintes fois sollicité les gouverneurs successifs de la ville de Kinshasa d'évacuer le marché Type K.

Les responsables de l'aéronautique ont en effet usé de leur pouvoir pour garantir la sécurité de la navigation aérienne et prévenir les catastrophes. Ces demandes ont été confirmées notamment par les lettres respectivement des 17 décembre 1990, 28 septembre 1992 et 14 mars 1994.

Malgré les diverses mises en garde, les gouverneurs respectifs ont fait la sourde oreille, désignant même des administrateurs dudit marché. Ainsi, s'il avait été évacué en son temps, on aurait pu éviter les dégâts matériels et les pertes en vies humaines occasionnés par ce grave accident.

L'obligation de réparer les dommages matériels et le préjudice résultant des pertes en vies humaines incombe à l'exploitant de l'aéronef, à savoir Scibe Air-Lift, ainsi qu'à la Russie (Moscou Airways).

e. Dégâts humains et matériels

A la date du 6 février 1996, le nombre provisoire des morts, recensés dans les différents hôpitaux de la ville de Kinshasa, se chiffrait à 372, tandis que les blessés à 179 personnes. Concernant l'inhumation, les autorités de la ville ont retiré et enterré 91 corps, grâce notamment à l'intervention de l'Alliance libanaise, qui a gracieusement fourni une cinquantaine de cercueils. Les autres corps furent enterrés par leurs familles.

Le problème d'apurement des factures des soins aux blessés a été soulevé et reste encore d'actualité à ce jour. A titre d'exemple, la Clinique Ngaliema estimait à la date du 9 février 1996 à plus ou moins 250 000 $ les soins et l'hospitalisation des blessés admis dans cette institution. Pour les autres institutions ayant soigné les blessés, les données n'ont pas pu être recueillies, suite à la chute du régime de Mobutu, le 17 mai 1997.

Quant aux dégâts matériels, ils ont été catégorisés en biens périssables et non périssables. En ce qui concerne les premiers, il est difficile d'évaluer, même approximativement, l'importance des dégâts subis par les commerçants, les acheteurs, voire les simples passants surpris par la mort. Pour les biens non périssables, il s'agit principalement des échoppes et des véhicules qui roulaient sur l'avenue et d'autres garés à proximité. Huit véhicules au total ont ainsi été recensés, dont un appartenant au PNUD.

Mais j'estime que seule la Fédération congolaise des petites et moyennes entreprises est en mesure de déterminer tous les dégâts matériels occasionnés par le crash.

A l'issue de l'accident, il a été constaté une désorganisation dans l'assistance aux victimes. Cette lacune est imputable à l'absence d'un plan d'intervention d'urgence en cas de catastrophe. Il est, à cet effet, recommandé que les pouvoirs publics mènent, de manière permanente, des campagnes d'information et d'éducation sur la nécessité du respect des lois et décisions, à commencer par les autorités elles-mêmes, car l'exemple doit venir d'en haut.

f. Décryptage de la boîte noire et déroulement des travaux

Une délégation d'experts zaïrois en aviation civile, à laquelle s'est ajouté le président de la Commission parlementaire d'enquête, a effectué une visite à Moscou du 18 au 27 mars 1996, en vue de poursuivre les investigations sur le crash du Type K.

L'OACI a également délégué deux observateurs. Il s'agit de MM. Reinhard, de nationalité allemande, et Dan Cohen-Nier, de citoyenneté française. La Russie était représentée par MM. Guenadi Zaitsev, directeur général adjoint d'Air Transport department, Nicolas Khijniak, chef adjoint du Bureau fédéral d'Enquêtes/Accidents, Boris Gorjunov, chef de division fédérale de sécurité des vols, et Alexandre Neradko, directeur général de l'Aviation civile.

La délégation zaïroise, elle, comprenait MM. Ekuka, ingénieur et conseiller technique à la RVA, Mubake, deuxième secrétaire rapporteur du Haut-conseil de la république-parlement de transition, Simon Diasolua, expert Enquêtes/Accidents, responsable de l'enquête technique et instructeur pilotes.

Quant aux travaux proprement dits, ils ont débuté le 19 mars 1996. Mais la partie congolaise a posé les préalables suivants :

- La présentation d'une check-list des paramètres contenus dans la boîte noire ainsi que leur séquence d'enregistrement ;
- La mise à disposition des informations sur la grille de conversion des paramètres, car les données étant codées, il fallait les avoir en unités physiques ;
- L'exigence de travailler sur la base des copies afin d'éviter la perte des éléments d'origine et garantir ainsi l'intégrité de la bande originale ;
- La mise à disposition d'un certain nombre de documents en rapport avec l'avion accidenté et l'équipage ;
- La demande de validation des paramètres qui seront extraits de la boîte noire.

La liste des paramètres étant en russe, il a été demandé aux Russes de les traduire en anglais.

Après que ces préalables eurent été acceptés par la partie russe, tous les délégués ont assisté à l'ouverture des deux boîtes noires : le CVR (Cockpit voice recorder), dont la bande était cassée à l'intérieur de la boîte, et le FDR (Flight data recorder).

Pour le CVR, il fallait procéder à des travaux supplémentaires de recollage. Normalement, le CVR de cet avion fonctionne pendant cinq heures et demie sans relecture. Il doit aussi être démagnétisé par un membre de l'équipage pour fonctionner. Quant au FDR, il était en bon état et a été immédiatement transféré sur une matrice pour en tirer des copies.

Le 20 mars, la délégation OACI Zaïre a été invitée à l'Institut de recherches scientifiques de l'aviation civile russe, où elle allait travailler au décodage, jusqu'au 26 mars. A la fin de la séance de travail, M. Alexandre Neradko a présenté le point de vue officiel de la Russie sur la cause du crash, à savoir la surcharge.

Dans ma réplique, j'ai relevé que seule l'analyse des paramètres de la boîte noire permettrait de conclure objectivement.

A la sortie des premières données du vol, nous avons procédé à leur comparaison avec les paramètres des vols précédents. L'écoute du CVR a été repoussée au 25 mars après que les techniciens eurent décelé une nouvelle rupture de la bande.

g. Rencontre avec le PDG de Moscou Airways

Le 22 mars 1996 à 14 heures est intervenue une réunion surprise avec M. Vladimir Kastyrin, PDG de Moscou Airways, qui refusait jusque-là tout contact officiel avec la partie zaïroise. Nous avons longuement insisté avant que les autorités russes daignent organiser la rencontre avec ce mystérieux personnage. Mais pour quel résultat ?

Pendant les entretiens, il nous a surpris, en soutenant mordicus la thèse de la surcharge de sept tonnes. En réponse, nous lui avons demandé d'apporter les preuves de ses allégations et de ne pas mettre la charrue avant les bœufs.

En effet, nous n'étions pas à Moscou pour polémiquer mais pour essayer, ensemble avec la partie russe, de déterminer les causes probables de l'accident.

Grâce aux abaques, nous avons été en mesure de démontrer que l'appareil était capable de décoller, de façon normale, sur les 1 300 mètres de la piste de Ndolo. Ainsi, il fallait absolument une cause pour expliquer la dégradation observée des performances de l'avion au décollage.

Face à la mauvaise foi manifeste des responsables de Moscou Airways, propriétaire de l'appareil, nous avons demandé aux Russes d'organiser une rencontre avec les représentants de la firme Antonov, en vue de plus amples informations sur les performances de l'aéronef. A la place, ils n'étaient capables que de nous proposer une simple liaison téléphonique avec Kiev, qui ne pouvait en aucun cas satisfaire aux besoins de notre enquête.

La demande d'une séance contradictoire avec Antonov se justifiait aussi par le fait que la partie congolaise avait découvert dans la boîte noire une série de paramètres qui ne figuraient pas sur la liste officielle, notamment la position des volets.

Le souci de la partie zaïroise était donc d'exiger du fabricant les documents relatifs aux modifications ainsi apportées au FDR.

h. Le CVR trafiqué ?

L'examen des premiers paramètres physiques fournis par le FDR nous a convaincus de la nécessité d'exiger des Russes aussi bien la validation de toutes les données, le calcul des accélérations, l'analyse du décollage en le comparant aux vols précédents enregistrés sur la cassette que la liste des travaux effectués à Kinshasa par les ingénieurs venus de Kiev sur l'avion accidenté.

La lecture des documents présentés par les Russes nous a permis de constater un déphasage entre la liste officielle et les paramètres physiques disponibles. Il est presque évident que le fabricant Antonov a effectué des travaux sur la boîte noire pour augmenter le nombre des paramètres enregistrés.

D'où cette question : l'équipe de maintenance qui a travaillé trois jours durant à Kinshasa sur l'avion aurait-elle trafiqué le CVR ?

Malgré notre insistance en vue de rencontrer lesdits mécaniciens, la délégation russe est restée de marbre. Notre hypothèse d'une CVR trafiquée demeure parce qu'étayée par des faits palpables (abaques, paramètres).

A la question sur la position des volets utilisés couramment par les équipages de l'Antonov 32, les Russes nous ont répondu qu'il s'agit de 15 ou 25° pour le décollage et 35° pour l'atterrissage. Il est généralement connu que l'Antonov 32 est un avion à décollage court et équipé de moteurs très puissants.

La position des volets et le souffle des hélices sur l'extrados des ailes s'avèrent importants pour ce type d'avion à décollage court. La délégation russe s'est dite convaincue que la position des volets était la même que lors des vols précédents, soit 25°.

Les abaques étant calculés en fonction de la position des volets, les Russes nous ont communiqué des vitesses qui étaient légèrement différentes de celles livrées à la commission d'enquête à Kinshasa par l'équipage russe. Une confrontation de ces chiffres ainsi que des vitesses contenues dans la déposition faite par l'équipage, détenu à la prison de Makala, s'imposait pour que l'énigme de la position des volets soit définitivement éclaircie.

Après réparation et à l'issue de l'écoute du CVR, une double surprise attendait les Zaïrois. En effet, la capacité d'enregistrement de celui-ci est passée à 6 heures et 5 minutes au lieu de la durée traditionnelle de 5 heures et 30 minutes. Par ailleurs, aucune trace du vol accidenté de Ndolo n'y figurait.

Nous avons alors comparé cet enregistrement avec les communications de la tour de contrôle de Ndolo. Le même constat a été établi, à savoir que la bande ne contenait aucune information relative à la séquence de l'accident.

La question qui s'était alors posée était celle de savoir si l'équipage avait démagnétisé le CVR ou si l'équipe de Kiev, qui a travaillé sur l'avion, avait omis de connecter le système.

i. Clôture des travaux

Le mardi 26 mars, une réunion de synthèse a regroupé les trois délégations pour l'analyse des paramètres CVR et FDR, laquelle s'est effectuée de la manière suivante :

(1) Points de convergence

Selon la procédure normale, les paramètres dont on dispose sur la phase de décollage sont obtenus avec 25° de volet. Il a été observé que l'équipage a eu besoin de vingt secondes pour ajuster la puissance de décollage alors que, selon les Russes eux-mêmes, il n'en fallait que douze pour un décollage en statique.

Pendant ce temps, l'avion roulait et, donc, ne se trouvait pas en position statique comme le veut la procédure. Ce qui lui a fait consommer plus de 300 mètres avant d'amorcer le roulage.

Les deux parties, russe et zaïroise, sont tombées d'accord sur l'évolution normale que présentaient les paramètres moteurs pour un décollage qui a pris 43 secondes. A 11 minutes 14 secondes, il y a eu une interruption du décollage, qui peut s'expliquer par la réduction de la manette de puissance, de la température du gaz d'échappement et de celle de la pression d'huile.

Les parties ont aussi convenu qu'à 11 minutes 19 secondes, les paramètres sont apparus erronés et ne pouvaient donc pas être pris en compte. Il a été noté qu'à 11 minutes 41 secondes, le pilote a tiré sur les manches alors que la vitesse n'était que de 87,1 km/h, ce qui est bien en-dessous de la vitesse de décision (190-210 km/h). Le décollage, lui, a été abandonné à 217 km/h.

(2) Points de divergence

Les Russes, après avoir abandonné la thèse de la surcharge, ont soutenu que le centre de gravité était plein en avant, en dehors des limites, empêchant le nez de l'avion de quitter le sol.

En outre, ils ont affirmé qu'il y avait eu insuffisance de force aérodynamique, qui a ainsi empêché le nez de l'avion de se lever.

Pour la partie zaïroise, il s'agissait plutôt d'une insuffisance de l'accélération de l'avion à partir de 149 km/h, laquelle n'a pas permis une augmentation conséquente de la vitesse.

Pour rappel, plusieurs causes peuvent concourir à la dégradation de l'accélération au décollage, entre autres une piste contaminée, une panne de moteur ou un problème de freins. En procédant par élimination, j'étais convaincu que la dégradation a été causée par un échauffement progressif des disques de frein pendant la phase de décollage.

J'ai été conforté dans cette position car l'équipe de Kiev avait procédé au changement des freins. Le copilote avait par ailleurs rappelé un cas similaire des freins qui chauffaient et fumaient lors du taxi, à Saint Petersburg.

Il est à noter que les Russes, visiblement de mauvaise foi et voulant davantage sauvegarder leurs intérêts, au détriment de la recherche de la vérité, ont attendu la fin des travaux pour nous remettre une partie des documents sollicités. Il fallait, au final, des nerfs solides pour continuer à garder le même flegme.

j. Conclusions

Je m'obstine à croire que les Russes ne réussiront jamais à prouver que le centre de gravité de l'avion était fort en avant et, donc, hors des limites. En effet, si tel était le cas, l'équipage aurait utilisé le TRIM (réducteur des forces sur la commande de profondeur), afin de compenser le mauvais positionnement du centre de gravité.

En outre, il y a eu une mauvaise application de la procédure, le pilote ayant pris plus de temps, soit 20 secondes, pour ajuster la puissance de décollage pendant que l'avion roulait sur la piste. Ce qui a réduit la distance utilisable de plus de 300 mètres.

La dégradation des performances durant la phase de décollage était due à l'échauffement progressif des disques de frein, causant ainsi le blocage lent mais inéluctable des roues.

Il est connu que l'équipage n'avait pas signalé un problème de commandes de vol, ni une perte de puissance motrice au décollage. En outre, le temps était parfait.

Quant à l'équipage russe qui attendait qu'on statue sur son sort à la prison de Makala à Kinshasa, il a profité de la prise de la ville par les hommes de Kabila pour disparaître. Par ailleurs, l'un des deux interprètes congolais, qui parlaient le russe, a été assassiné, sans que l'on sache pourquoi ni comment.

Il y a eu près de 400 morts, Congolais et étrangers compris, et plus d'une centaine de blessés graves, mis à part les dégâts matériels estimés en millions de dollars. C'est à ce jour, à mon avis, la catastrophe aérienne la plus meurtrière en Afrique impliquant un seul avion.

La guerre civile survenue dans l'entre-temps n'a pas permis aux Congolais d'élaborer, dans les délais les plus brefs, un pré-rapport à expédier à la partie russe.

La responsabilité des Russes et des Congolais étant engagée et établie, il faudrait absolument que les deux pays se concertent en vue de trouver, ensemble, la solution pour indemniser les victimes de ce massacre. Il ne s'agit là que d'une affaire d'honnêteté et de justice, qui ne pourra souffrir de délai de prescription.

28. Le déclin du Zaïre et la convoitise des voisins

En tant qu'homme, le Président Mobutu a commis des erreurs, mais force est de reconnaître qu'il a aussi été à la base de grandes réalisations pour son pays.

A mon avis, son plus grand mérite est d'avoir inculqué aux Zaïrois l'amour de leur pays et le sentiment d'appartenir, indépendamment de leurs ethnies respectives, à une grande nation.

Comme à l'époque des Romains, les Zaïrois étaient dociles tant qu'ils avaient du pain et des jeux. Mais du jour au lendemain où l'un ou l'autre venait à manquer, ils se sont détournés de leur « guide », sans savoir à quel autre saint se vouer.

Mobutu, qui incarnait absolument tout, a péché par l'usure du pouvoir. Il ne s'était même pas embarrassé un jour de prédire : « Après moi, le déluge ».

L'histoire nous apprend que le pouvoir corrompt, et que le pouvoir absolu corrompt absolument. C'était valable hier comme aujourd'hui et le sera encore demain.

Dans un pays où tout est détruit, les Congolais doivent se serrer les coudes, mettre leurs antagonismes de côté et privilégier la survie de la nation. La terre de leurs ancêtres mérite qu'ils meurent pour elle. Sinon, que vont-ils léguer à leurs enfants ?

Ainsi, au rythme où vont les choses, les Congolais, s'ils ne réagissent pas, risquent de se retrouver des étrangers dans leur propre pays car, comment accepter le comportement de certains étrangers, qui se permettent de traiter les Congolais de moins que rien, en dépouillant leur pays de ses richesses notamment par des menaces, la corruption et, pire, en leur imposant des guerres ?

A l'époque de Mobutu, certains dirigeants zaïrois ont été choisis, non pas à cause de leurs capacités intellectuelles ou morales, mais surtout à cause de leur allégeance au parti-État, le Mouvement populaire de la révolution, tandis que d'autres ont été propulsés grâce à leur simple appartenance tribale.

La RDC, qui traverse sûrement la plus grave crise de son histoire, donc de sa survie, a réellement besoin d'un rassembleur avec un projet de société acceptable par la majorité et qui rencontre les aspirations de la population. Après plusieurs années de dictature, les Congolais ont le droit de se choisir leurs dirigeants en toute liberté et transparence.

En effet, les seules élections démocratiques organisées au Congo remontent à 1960. Entre-temps, les Congolais se retrouvent avec une partie de leur élite qui défend les intérêts étrangers, alors que Dieu les a gratifiés d'un pays qui attise la convoitise.

Comme l'a dit un sage, le Congo n'est pas en danger à cause de ceux qui font le mal, mais à cause de ceux qui regardent et laissent faire.

Il faut un changement, par l'instauration d'une vraie démocratie. Et comme la démocratie est une école, elle doit être enseignée aux populations et aux dirigeants. S'il a fallu deux mille ans aux Occidentaux pour ce faire, les Congolais peuvent les rattraper en s'inspirant de leurs expériences et en se focalisant sur l'éducation de la jeunesse, qui constitue le socle pour l'avenir d'un pays. La RDC ne fera pas exception à la règle.

a. Le massacre de Lubumbashi

En ma qualité d'administrateur directeur des opérations d'Air Zaïre, je participais à toutes les réunions du Comité de gestion et du Conseil d'administration.

Le 11 mai 1990, après avoir transité par mon bureau pour récupérer la farde contenant l'ordre du jour, je pris part à une réunion de la première instance, dans la salle de réunions de la direction générale à l'aéroport de Ndjili, sous la présidence du PDG, M. Yuma Morisho.

Le DC-10, en provenance de Bruxelles et Rome, venait de se poser une heure auparavant, pour une escale d'une heure et trente minutes, avant de continuer sur Lubumbashi. Par manque d'effectifs ce jour là, il était prévu que le commandant Paul Mukandila, en provenance de Bruxelles, puisse continuer son vol jusqu'à Lubumbashi. Le reste de l'équipage a été changé à Kinshasa.

Une heure après le début de la réunion, le téléphone sonna et la secrétaire me tendit le combiné, en précisant que c'était le commandant Mukandila.

- Salut Paul, comment s'est passé ton vol ?

- Bien commandant, mais l'avion a un problème technique qu'on essaie de résoudre. Les passagers sont à bord et je suis malheureusement à la limite de mes prestations. Il faut absolument me faire remplacer, a-t-il insisté.

Notons ici qu'aux termes de la convention collective, un équipage normal pouvait avoir des prestations de quatorze heures. Mais en cas d'équipage renforcé, les prestations pouvaient aller à seize heures au maximum.

Par manque de commandant disponible, j'étais dans l'obligation d'effectuer le vol. J'autorisai ensuite le commandant Mukandila à rentrer chez lui.

Ayant reçu, de mon côté, le feu vert du PDG après lui avoir expliqué la situation, j'ai pris congé de mes collègues. Je suis alors retourné dans mon bureau pour demander à Marie-José, par téléphone, de m'apporter mon uniforme et mon sac de vol. Habitant la commune de Limite, à quinze minutes de l'aéroport, elle est arrivée avec les effets demandés quarante-cinq minutes plus tard.

Vers 11h15, j'étais dans l'avion et j'ai constaté que le problème persistait. Ce qui m'a poussé à faire débarquer les passagers. Le chef d'escale a alors reçu l'ordre de commander les repas pour eux, au restaurant de l'Intercontinental Aéroport.

L'avion présentait un problème électrique qui empêchait le démarrage du moteur n° 2. Pour ne pas gêner les techniciens qui y travaillaient, je me suis éloigné momentanément. Vers 14h15, j'étais de retour pour proposer aux techniciens de vérifier l'état du fusible sur le panneau au-dessus du poste de pilotage. Celui-ci était en fait abîmé. Après l'avoir remplacé, le moteur 2 a démarré sans problème.

Les passagers ont ensuite été embarqués et j'ai décollé de Kinshasa vers 16 heures locales, pour me poser à Lubumbashi à 19 heures.

A notre atterrissage, il faisait nuit noire. Mais après le débarquement des passagers, on sentait une curieuse atmosphère se dégager des lieux, doublée d'une certaine tension parmi les agents œuvrant à l'aéroport de la Luano.

Avant de monter dans le bus qui devait nous conduire à l'Hôtel Karavia, un cadre de l'escale m'a soufflé qu'il était soulagé qu'on dorme à Lubumbashi, car il ne voulait pas rentrer tard chez lui, suite à la situation qui prévalait du coté de l'université de la Kassapa à Lubumbashi.

Entre l'aéroport et l'hôtel, on passe par le pont qui enjambe le chemin de fer. Ensuite, il y a un cimetière suivi d'un petit bois longeant le campus universitaire. Chemin faisant, je pouvais distinguer, grâce aux phares du bus transportant l'équipage, une dizaine de militaires qui couraient dans tous les sens mais, curieusement, n'étaient pas armés. Je n'ai entendu aucun coup de feu, ni assisté à une quelconque bagarre.

Le campus était plongé dans le noir. Mais comme c'était souvent le cas, j'ai pensé à un problème de « délestage » car, bien que le Congo possède le barrage électrique le plus puissant d'Afrique, ses villes connaissent souvent des coupures d'électricité de quelques minutes à quelques heures, voire des jours pour certains quartiers et, ce, par manque d'entretien du réseau.

Après une nuit calme à l'hôtel, j'ai regagné l'aéroport pour mon vol retour à Kinshasa. Là, j'ai trouvé un B-707 cargo d'une société privée zaïroise, qui s'était certainement posé la nuit après moi. J'ai quitté Lubumbashi vers 8h30.

Une semaine plus tard, en revenant à Lubumbashi, une dame, consternée, m'a accosté et m'a posé la question suivante :

- Simon, comment as-tu accepté d'amener le commando qui est venu assassiner nos enfants ?

Tout d'abord, j'ai cru à une blague de mauvais goût, mais la dame a insisté en disant non seulement que je l'avais déçue, mais aussi que je devais avoir honte de moi.

Ma tête s'est mise à bouillonner, me demandant ce que j'aurais fait au bon Dieu.

Dans les jours qui ont suivi, je me lançai à la recherche de la vérité, en interrogeant tous ceux qui étaient susceptibles de m'éclairer sur ce qui se chuchotait. Je me suis ainsi informé auprès de certains étudiants, de certaines autorités et de quelques membres des services spéciaux faisant parties de mon cercle d'amis.

La presse étrangère s'était saisie de l'affaire. Chacun y allait de ses propres commentaires selon ses sources, mais tous affirmaient qu'on venait d'assassiner une centaine d'étudiants au Campus de Lubumbashi, précisant que c'était l'œuvre d'un commando venu de Kinshasa.

A ma connaissance, il n'y avait pas de commando à bord du DC-10 régulier d'Air Zaïre que j'ai piloté ce jour-là. La raison est la suivante : Le Président Mobutu disposait d'une structure armée et de sécurité capable de s'acquitter du sale boulot qu'on lui imputait et, cela, dans toutes les provinces du pays.

D'autres personnes ont avancé la thèse d'une panne simulée du DC-10, le jour de mon vol, afin de permettre au fameux commando de se confondre aux passagers, comme si Air Zaïre manquait de procédures en matière d'enregistrement, d'embarquement et de vérification du devis de poids. Air Zaïre venait, certes, de sortir de la gestion française (UTA), mais pratiquait les mêmes procédures qu'elle.

Pour mieux comprendre mon indignation, il fallait revenir au discours du président zaïrois, le 24 avril 1990 à N'Sele. Ce jour-là, le maréchal Mobutu décide la fin du Mouvement populaire de la révolution comme parti-Etat et décrète l'avènement du multipartisme, bref, le retour du Congo-Zaïre à la démocratie.

Adviendra ensuite la tenue de la Conférence nationale, qui devait sceller la réconciliation nationale, avec ses hauts et ses bas, soit sept années de palabres à l'africaine, de drames, d'alliances, de contre-alliances, de résolutions et j'en passe.

C'est ainsi que je fus convoqué au Palais du peuple, devant la commission de la Conférence nationale traitant des assassinats. J'étais choqué en lisant cette convocation, qui mentionnait « mon rôle dans les événements de Lubumbashi », alors que mon seul péché avait été d'avoir piloté le DC-10 ce 11 mai 1990, de surcroît en remplacement d'un commandant qui avait atteint les limites de ses prestations.

Deux jours auparavant, la Section archives d'Air Zaïre avait mis à ma disposition toutes les données relatives au fameux vol, notamment le manifeste passagers, leurs nationalités, leurs sexes, le devis de poids et le bon de carburant. Ainsi, c'est paré d'une assurance à toute épreuve que j'ai répondu à la convocation.

Après avoir décliné mon identité, les membres de la commission se sont mis à rire. Leur Président m'a dit qu'ils me connaissaient tous. Ils m'ont alors posé des questions sur ce qui s'était passé ce jour-là, la raison de la panne de l'avion, le nombre des passagers avant et après la panne, la présence éventuelle d'un commando à bord du DC-10.

Je me suis étonné de ne pas voir mon collègue le commandant Paul Mukandila, qui était supposé effectuer le vol du 11 mai à destination de Lubumbashi. En effet, j'ai estimé que c'était la moindre des choses que de l'écouter lui aussi, afin de confronter nos dépositions.

J'ai parlé de la réglementation, qui interdit à tout navigant de discuter de politique et de religion avec les passagers pendant l'exercice de ses fonctions, ajoutant que j'ai eu à transporter officiellement les troupes marocaines lors de la guerre du Shaba, en participant au pont aérien Zaïre-Maroc-Zaïre, ainsi que les troupes zaïroises lors de leur intervention au Tchad.

Pendant les pillages, j'ai dû aussi, sous la protection des éléments de la D.S.P. (Division spéciale présidentielle) armés jusqu'aux dents, quitter mon domicile à deux ou trois heures du matin, pour organiser les vols (transport des fonds) à travers tout le Congo, alors que les militaires n'étaient plus payés depuis longtemps et que l'insécurité régnait dans la capitale Kinshasa.

Je disposais des témoins parmi les passagers, qui pouvaient être convoqués par la commission, pour affirmer ou réfuter la thèse d'un surplus de passagers. Par ailleurs, si commando il y avait, était-il armé ? De combien de personnes était-il composé ?

Il est difficile de cacher les armes dans la cabine d'un avion de ligne, d'autant que les soutes du DC-10 étaient restées fermées pendant toute la durée de l'intervention technique jusqu'au démarrage des moteurs. Mais aussi, un surplus de passagers, et donc de poids, aurait nécessité un rajout de carburant.

En effet, le volume de carburant est fonction de plusieurs paramètres : distance à parcourir, diversion, vents en altitude, réserve de route et poids de l'avion.

Comme par hasard, la quantité de carburant décidée par le commandant Mukandila était la même lors de mon décollage de Kinshasa à destination de Lubumbashi, c'est-à-dire sans rajout.

De même, le nombre de passagers à bord doit nécessairement correspondre au devis de poids de l'avion, qui est contresigné par le commandant de bord et le chef d'escale. A défaut, l'équipage refuse d'effectuer le vol, pour des raisons de sécurité, jusqu'à ce que tout soit correct. Ou alors, il procède à l’identification des bagages, s'il manque des passagers et, au cas où il y aurait un surplus de passagers, l'escale le confirme au commandant de bord en l'ajoutant sur la rubrique « Last minute change » et permettre ainsi à l'équipage de décider d'un rajout de carburant. Or, le devis de poids du vol du 11 mai était absolument demeuré le même, la seule différence étant le changement de pilote.

En tant que commandant de bord, j'ai la lourde responsabilité du transport des passagers, du fret et de la poste, en garantissant la sécurité du vol. J'ai aussi l'obligation d'informer les passagers pour les rassurer. Voilà à quoi se limitent les responsabilités du pilote pendant l'exercice de ses fonctions.

Pour conclure, j'ai demandé à la commission de préciser ce qu'on me reprochait. Mais après concertation, le Président de la commission m'a présenté des excuses, en ajoutant qu'ils avaient été mal informés.

Dans la salle, j'ai remarqué la présence d'un ancien pilote, membre de la commission, qui avait eu souvent des démêlés professionnels. J'ai compris qu'il pouvait avoir joué un rôle dans cette enquête et ma convocation.

Après tant de loyaux services rendus au Congo et à sa compagnie nationale, il était révoltant et inacceptable d'être ainsi l'objet de suspicions.

b. Les causes de la guerre

Les causes de l'écroulement du Zaïre de Mobutu ainsi que de nombreuses tentatives de balkanisation de ce pays sont multiples. Selon ma lecture des événements, les éléments qui suivent en constituent les principales.

La nomination d'un sujet rwandais comme directeur du bureau du Président Mobutu, mais devenu en réalité le véritable Premier ministre du Zaïre, doit être prise en compte. Très puissant, l'homme a su piéger Mobutu. Il est et reste à mes yeux, le vrai responsable du problème tutsi au Congo.

En effet, l'hégémonie tutsie au Zaïre date de l'époque de cet homme, qui a profité de la naïveté de tant de Zaïrois pour mettre en place les stratégies du pouvoir tutsi. A titre d'exemple, plus de 60 % des finalistes de la fameuse école de secrétariat Piget, à Kinshasa, étaient tutsis. A la fin de leur formation, elles étaient automatiquement casées dans les grandes sociétés d'État en qualité de secrétaires de direction, de façon à soutirer à leur guise les informations nécessaires.

Indépendamment de la situation, la plupart de responsables civils et militaires - c'était la mode à l'époque - avaient naïvement une deuxième femme tutsie, qui rapportait tout à sa coterie.

Une faillite économique, qui trouve ses origines à la zaïrianisation, a permis à des acquéreurs de goutter à l'argent facile et, par ricochet, à une vie marquée par toutes sortes d'excès, devenant ainsi de véritables hors-la-loi, sans s'en rendre compte. L'impunité est alors devenue une institution à tous les échelons.

Le nom même du Zaïre équivalait désormais à un pays de jouisseurs et non de bâtisseurs, encore moins d'hommes d'Etats. Avec à sa tête un homme détenant un pouvoir absolu et ne tolérant ni critique ni contestation, le pays était géré selon un code ancestral avec, pour toile de fond, le fétichisme.

Pire, l'armée nationale fut détruite de l'intérieur, le pouvoir fermant les yeux devant le comportement des hommes en armes qui pouvaient s'attaquer en toute impunité aux civils innocents par des extorsions, le chantage ou encore des meurtres.

Ceux qui détenaient le pouvoir politique ne se privaient pas de piocher dans les caisses de l'Etat afin de satisfaire leurs propres appétits ainsi que ceux des courtisans nationaux et internationaux.

Cette conception du pouvoir politique a entraîné le Zaïre dans divers travers qui ont constitué le socle de la débâcle de ce pays et de la désillusion de ses citoyens. En effet, chacun attendait son tour pour exercer l'hégémonie politique et ainsi bénéficier des privilèges matériels liés à la fonction.

Après la mort du Président Habyarimana du Rwanda, le 6 avril 1994 dans des circonstances jamais élucidées, un terrible génocide s'est abattu sur les Tutsis et les Hutus modérés, entraînant l'intervention des troupes du FPR de Kagame, qui mirent en déroute ce qui restait des Forces armées rwandaises.

En quelques jours, la ville de Goma, à l'est du Zaïre, a vu sa population augmenter de plus de deux millions de Hutus fuyant les représailles des nouveaux maîtres du Rwanda. Ils seront confinés dans des camps de fortune.

Afin de juguler les incursions armées des Interahamwe au Rwanda, à partir de leurs bases du Zaïre, le pouvoir tutsi a envahi Goma et Bukavu. A l'origine, l'objectif se limitait à la démolition des camps des réfugiés hutus d'où partaient les attaques.

Mobutu, gravement malade, a tardé à réagir. Par ailleurs, rares sont ceux, à Kinshasa, qui pouvaient croire en la capacité de l'armée de Kagame de conquérir le grand Zaïre. Mais, suite aux succès militaires du FPR, les Occidentaux ont encouragé les Rwandais à poursuivre leurs actions. Le but était d'affaiblir le Président zaïrois et ainsi l'amener à la table de négociations pour l'obliger à partager le pouvoir avec l'opposition.

A l'époque, la contestation armée n'existait pas et, pour légitimer l'intervention étrangère à l'est, Laurent Désiré Kabila, ancien rebelle, fut placé à la tête de cette nébuleuse, mais sans associer l'opposition non armée pourtant très active et qui avait déjà affaibli Mobutu.

L'autre argument en faveur de l'intervention tutsie était qu'il fallait soutenir les Banyamulenge, supposés Tutsis congolais, qui se défendaient des hordes de Mobutu, leur ancien protecteur, qui leur a accordé la nationalité sans l'aval du parlement.

En effet, de mémoire des Zaïrois, il n'a jamais existé une tribu banyamulenge dans ce pays, n'en déplaise à certaines presses et radios étrangères, qui avaient la fâcheuse prétention de connaître ce pays mieux que ses ressortissants et qui s'évertuaient à faire avaliser, en porte-à-faux avec tous les manuels d'Histoire, la thèse selon laquelle les Banyamulenge étaient installés sur le sol zaïrois depuis plus de deux siècles.

S'il en était le cas, comment alors expliquer qu'il n'y ait pas eu un seul ressortissant de cette peuplade à l'occasion de l'exposition universelle de 1897, où toutes les tribus de l'État indépendant du Congo étaient représentées ?

A la conférence de Berlin en 1885, le Congo devint propriété personnelle du Roi Léopold II. Après la défaite allemande de 1918, le Rwanda et Urundi, jusque-là colonies allemandes, sont devenus des territoires sous mandat de la Société des Nations et confiés à la Belgique comme Protectorat belge.

Que les spécialistes autoproclamés démontrent de quand date exactement l'implantation banyamulenge au Congo il y a plus de deux cent ans.

A ma connaissance, ce sont les Belges qui ont favorisé l'immigration rwandaise au Congo. A l'instar des Italiens venus travailler dans les charbonnages belges, les Rwandais sont aussi arrivés, par milliers, pour œuvrer dans les mines de l'Union minière du Haut-Katanga. D'autres encore se sont installés, avec la bénédiction des Belges, le long des frontières est, où les chefs coutumiers leur ont prêté des terres pour leurs élevages.

En ma qualité de pilote, je me rappelle avoir, après l'indépendance, effectué plusieurs vols, non réguliers en DC-4, entre le Rwanda et Elisabethville pour le compte de la Gécamines, née des cendres de l'Union minière, avec des travailleurs rwandais à bord, Hutus et Tutsis confondus.

Pour les descendants de ces Rwandais, pour la plupart nés au Congo, il était légitime et logique pour ceux qui souhaitaient acquérir la nationalité zaïroise d'en faire la demande.

Pendant la Conférence nationale souveraine, le problème de la nationalité des descendants rwandais a été évoqué et était toujours à l'étude au parlement.

Le problème disparut des débats à l'invasion du Congo par les intéressés, confortés par une campagne médiatique occidentale visiblement partisane.

Pire, dans la foulée de plusieurs meurtres ciblés, M. Vangu Mambweni, président de la Commission de la CNS sur la question et qui avait conclu, après enquête de terrain, que la tribu banyamulenge était une pure invention, sera assassiné lorsque les troupes rwandaises atteignent Kinshasa.

Déjà à l'aube de cette invasion, Mgr Munzihirwa, évêque de Bukavu, comme plusieurs intellectuels congolais bien ciblés, avaient été froidement abattus au Kivu, dans l'indifférence générale, malgré les images d'atrocités qui circulaient.

Par contre, chaque fois que les voisins tutsis étaient confrontés à de problèmes dans leur pays, les Zaïrois répondaient présents pour les aider dans tous les domaines de la vie. De même, pour conserver son pouvoir, Mobutu avait davantage confiance aux étrangers qu'aux nationaux. Mais il est dommage que ceux qu'il protégeait depuis si longtemps lui donnent le coup de grâce.

L'histoire est un éternel recommencement, dit-on. Alors apprenons à lire les leçons des événements. Si les descendants des immigrés italiens en Belgique avaient exigé la nationalité les armes à la main, leurs hôtes auraient réagi certainement comme les Congolais. Quant à la question relative aux causes du conflit rwandais, il n'appartient nullement aux Congolais d'y répondre.

En outre, on a tendance à oublier de mentionner qu'en plus des troupes rwandaises, ougandaises et burundaises, il y a surtout eu les Angolais, dont on parle peu, mais qui ont joué un rôle déterminant dans la prise du pouvoir par l'AFDL.

La population angolaise vivant au Zaïre était dix fois plus importante que celle du Rwanda. Mais force est de constater qu'à part quelques problèmes de frontière entre les deux pays, il n'y a jamais eu des revendications de reconnaissance de la nationalité congolaise par les nombreux Angolais nés et vivant en RDC.

Les Zaïrois aussi souhaitaient un changement, mais pas de la manière dont il a été imposé de l'extérieur. Aujourd'hui, le Congolais passe son temps à se plaindre de la présence massive des étrangers dans les institutions de son pays, oubliant qu'il est lui-même à la base de cette situation, après avoir détruit sa propre administration.

Ils ont aussi péché par méconnaissance, en ignorant qu'un pays riche attise la convoitise. La population, croupissant dans la misère, a naïvement applaudi l'avancée et la victoire des troupes rebelles, dans l'espérance d'un avenir meilleur.

Pour sa part, l'armée, impayée depuis longtemps et dont certains généraux avaient délibérément surévaluée les effectifs en vue d'en tirer les dividendes, ne s'est pas battue.

Une fois le pays conquis, les Rwandais ont commencé par dissoudre l'armée avant de s'en prendre aux biens publics et à la population, par des vols, spoliations, meurtres et car-jacking, les fruits de ces rapines ayant ensuite pris la direction de Kigali par cargos entiers.

Le banditisme affiché par l'armée rwandaise a provoqué le ras-le-bol de la population zaïroise, qui n'hésitait plus à clamer tout haut : « Kabila, tu nous as libérés de Mobutu. Laisse-nous te libérer des Rwandais ».

Ceux-ci avaient en effet montré leur vraie face. Considérés d'abord comme des « libérateurs », ils étaient à présent taxés d'envahisseurs qui voulaient imposer un homme à eux à la tête du Congo. Ce que les nationaux ne pouvaient tolérer, surtout après autant d'années de lutte pour arracher la démocratie.

La pression populaire a été telle que le Président Kabila a décidé, en 1998, de se débarrasser de ses alliés, les priant de rentrer chez eux. Une deuxième rébellion éclata aussitôt à l'est dans ces entrefaites, au motif que les frontières du Rwanda étaient menacées par les Interahamwe, devenus pour l'occasion les alliés de Kabila. Une simple fourberie, lorsque l'on sait que les troupes rwandaises contrôlaient la frontière zaïroise depuis 1997, après la prise de Goma et Bukavu.

En outre, il est prouvé qu'il y a des Interahamwe dans d'autres pays limitrophes du Rwanda. On ne peut dès lors comprendre qu'on s'acharne sur la République démocratique du Congo, qui n'a jamais agressé un pays voisin. Simplement parce qu'il est militairement faible, mais pour combien de temps ? Car il est bon de savoir, comme l'avait si bien déclaré un ancien diplomate en poste à Bruxelles, que « le Congo ne restera pas éternellement faible ».

Les conséquences de l'occupation d'une partie du territoire congolais par les troupes étrangères, au total plus de quinze années entières, font peur. Car, à cause de tous les méfaits perpétrés sur leur sol, les Congolais nourrissent à présent une haine viscérale vis-à-vis des Tutsis, qu'ils avaient aidés auparavant dans divers domaines, mais qu'ils considèrent aujourd'hui comme les responsables de leurs malheurs.

Si rien n'est fait pour changer les choses, l'avenir de la sous-région risque d'être détonnant. Le remède devra sûrement tenir compte de la réparation de certains dommages, dont ceux relatifs aux milliers d'assassinats et de viols au Kivu, mais aussi dans la Province Orientale, où les troupes rwandaises et ougandaises se sont canardées du 5 au 10 juin 2000, occasionnant plus de 2 000 morts du côté des civils congolais.

Si en Afrique du Sud, la communauté internationale a imposé le système d'« un homme une voix », qui a permis à la majorité noire de diriger le pays, pourquoi les règles démocratiques doivent-elles être différentes ailleurs, notamment au Rwanda, où une minorité de moins de 10 % d'une population estimée à plus de 10 millions d'habitants, en 2014, domine et contrôle l'armée, l'économie et la politique ?

Si au Rwanda, le génocide a provoqué près de 800 000 morts (Tutsis et Hutus confondus), que dire des Congolais qui ont perdu gratuitement plus de cinq millions des leurs, sans que cela ne puisse autant émouvoir les éternels donneurs des leçons ? Comment justifient-ils cette différence de traitement ?

Aujourd'hui, la classe politique congolaise se trouve totalement divisée. Personnellement, je tiens à un véritable dialogue intercongolais, qui mettrait fin aux antagonismes, par le respect des lois, le retour de l'éthique et l'émergence d'une classe politique responsable. Un dialogue où aucun camp ne devrait contrôler seul les enjeux, car l'autosatisfaction stupide d'un camp n'équivaut jamais à une réconciliation.

Un analyste politique a prévenu qu'une grave crise institutionnelle provoquera à la longue une désorganisation culturelle, des épidémies, la famine, l'appauvrissement généralisé et l'exode. C'est d'ailleurs la situation que vit actuellement la RDC, avec une crise réelle de l'intelligence collective.

Il est inadmissible que ses dirigeants s'obstinent dans leur vision politique qui bloque tout processus de progrès. Car les résultats sont là : inconscience communautaire, guerres civiles et maladies endémiques ainsi que incompétence et médiocrité érigées en modèle de gestion.

Je tiens aussi au dialogue entre les Congolais et les Rwandais, condamnés à vivre ensemble de par la frontière commune séparant leurs pays. Qu'on l'accepte ou pas, le dialogue avec les voisins pourra contribuer à la création d'une rampe de lancement pour la mise sur orbite d'un espace économique communautaire en vue de l'intégration sous-régionale.

Aujourd'hui que l'économie s'est mondialisée, l'Union européenne constitue un exemple d'intégration économique à suivre. Mais aussi, pourquoi ne contribuerait-elle pas à la reconstruction de l'Afrique centrale au travers d'un Plan Marchal ? Pour ce faire, les préalables sont la paix, la stabilité régionale, de vraies institutions démocratiques et un modèle de coopération régionale favorable à l'afflux des capitaux.

c. Air Congo – Air Zaïre – LAC

(1) La fierté de l'Afrique à ses débuts

Air Congo, dont la devise était « le sourire en plus » et qui symbolisait l'unité nationale, était sans conteste une grande compagnie qui faisait la fierté de toute l'Afrique noire. Elle s'enorgueillissait d'une flotte de quinze appareils à sa création en 1961, de vingt-quatre avions en 1964 et enfin, au 31 décembre 1965, d'une flotte de cinquante appareils répartis comme suit : un B-707, trois DC-6, dix DC-4, onze DC-3, deux C46, neuf D-18S, cinq B-55 Baron, trois Dragon, deux Apache et quatre AZTEC.

La structure de la société, en 1961, était constituée de : Président du Conseil d'administration d'Air Congo et vice-président de la Sabena : Hubert Sangara ; vice-président : Ferdinand Essandja ; Directeur général : Haubert Mukendi ; Exploitations : Albert Isiaka ; Technique : Antoine Militoni et Administration : Hyacinthe Rutagwenda.

L'équipe congolaise créa un véritable esprit Air Congo, par la publication d'une revue intitulée *Air Congo News*. Malheureusement, après une dizaine d'années d'excellence, la compagnie, victime d'assauts répétés dans sa gestion, est devenue l'ombre d'elle-même à partir de 1990, jusqu'à sa faillite prononcée par le Tribunal de commerce de Bruxelles, le 12 juin 1995.

De gauche à droite, MM. Essandja et Sangara

Monsieur A. K. Mukendi, Directeur général d'Air Congo

Depuis le 1er décembre 1963, Air Congo a un nouveau directeur général en la personne de Monsieur Aubert-Kizito Mukendi.

Licencié en sciences mathématiques de l'université de Liège, Monsieur Mukendi a représenté le gouvernement congolais, en tant que commissaire général aux Transports et Communications, lors des discussions avec la Sabena en vue de la création d'Air Congo. Il était assistant à Lovanium lorsqu'il fut sollicité par Air Congo en vue d'y occuper le poste de directeur général, que Monsieur Fernand Essandja cumulait provisoirement avec celui d'administrateur-délégué.

Jeune, d'un abord sympathique et ouvert, Monsieur Mukendi charme celui qu'il reçoit par l'intérêt qu'il lui porte, par l'impression qu'il lui donne de n'avoir d'autre souci que de le comprendre et de l'aider. A cette cordialité simple et naturelle s'allient un idéalisme dynamique qui va de l'avant, une facilité d'assimilation, un esprit de synthèse et une intelligence éclairée qui, de surcroît, se rend compte qu'elle ne supplée pas pour autant à l'expérience des autres.

En un mot, comme le disait dernièrement Monsieur Essandja, Air Congo a fait une bonne affaire en accaparant Monsieur Mukendi et Air Congo est en de bonnes mains!

C'est donc très sincèrement que *Notre Sabena* présente à Monsieur Mukendi ses plus vives félicitations et qu'elle lui offre ses vœux les meilleurs pour la réalisation de son désir : qu'Air Congo devienne, suivant son expression, « la première compagnie aérienne du continent africain ». *(Communiqué)*

M. Aubert Mukendi, premier Directeur général d'Air Congo

MM. Sangara et Essandja, à l'inauguration du bureau d'Air Congo à Bruxelles, rue de la Montagne, en 1961

Mais comment évoquer les causes de son déclin sans rappeler les faits saillants qui ont marqué l'évolution de cette société par actions à responsabilité limitée, créée le 28 juin 1961, soit un an seulement après l'indépendance du Congo ?

Jusqu'en 1966, les actionnaires d'Air-Congo étaient : Sabena, Air Brousse Kinshasa, Air Brousse Kasaï, la Sepa et Sobelair. Ensuite, sur décision du gouvernement, des entreprises congolaises sont entrés dans le capital d'Air Congo. Il s'agit d'Otraco, INSS, Cadeco, Banque nationale du Congo et la Société de Crédit aux classes moyennes et à l'industrie.

Juin 1966 sonna le glas de l'assistance technique de la Sabena. La gestion fut alors confiée entièrement aux nationaux. On peut donc situer à cette année la fin d'une époque et le tournant décisif de la compagnie, du point de vue de l'exploitation et de l'équipement.

Les nouveaux dirigeants d'Air Congo ont proposé au gouvernement un plan ayant pour but de remplacer les avions à pistons par une flotte moderne d'avions à réaction et turbopropulseurs.

(2) Vers l'effondrement de la compagnie

Avec l'aval du Président et du gouvernement congolais, la nouvelle société, devenue plus tard Air Zaïre, a bouclé son cycle d'équipement par l'acquisition d'une flotte de vingt et un avions, intégrant ainsi le peloton de tête des compagnies africaines. Il en sera ainsi jusqu'à l'arrivée des Américains de Pan Am en 1971.

Ensuite, les problèmes ont commencé. Pire, à partir de 1974, Air Zaïre n'a plus investi, mais a plutôt entamé un processus de liquidation du patrimoine, tout en augmentant ses dépenses.

Les six ans d'assistance technique Pan Am (1971 à 1977) ont été caractérisés par une instabilité de commandement, due en grande partie par des difficultés d'adaptation du personnel d'assistance américain, qui venait en grande partie du Vietnam.

Pendant cette période, six PDG américains se sont succédé à la tête d'Air Zaïre et qui ont unilatéralement décidé la vente des quatre DC-4 (9Q-CBD, 9Q-CBF, 9QCBG et 9QCBI) et le déclassement de trois autres (9Q-CBH, 9Q-CBR) et le 9Q-CBT, un cargo accidenté à Kalemie le 13 janvier 1973. Le B-55 Baron, immatriculé 9Q-CXJ, a été accidenté à Matshiseka le 12 avril 1977 au retour d'une mission de la CIA en Angola.

La flotte moderne d'Air Congo se composait de vingt-deux avions, soit un B-747-100, deux DC-10-30, deux Caravelle 11R, trois B-737-200, un BAC111, deux DC-8-33, deux DC-8-63, huit Fokker F-27 et un DC8-30 en location.

Les Américains ont décidé de la vente de deux Caravelle 11R et ont rendu le BAC111 à la société de location Laker Airways. Les onze DC-3 et les deux DC-6 acquis dans les mêmes conditions que les DC-4 ont été cédés à la Force aérienne congolaise en 1970, sur décision de l'État. Enfin, les 14 petits porteurs (dix Beach D-18 et quatre B-55 Baron) ont été remis à la Cogeair sur instruction de l'État, moyennant une prise de participation.

Le DC-8-30 que la société Capitol Airways louait à Air Congo lui a été rendu en juillet 1969, après qu'Air Congo eut réceptionné ses propres DC-8-33 en juin et juillet 1969.

Les deux Caravelle 11R, réceptionnées neuves en 1967 et 1968, ont été vendues sous gestion Pan Am le 26 juin 1976, tandis que quatre des huit Fokker l'ont été sous gestion UTA. Il s'agissait de 9Q-CLK, 9Q-CLL, 9Q-CLN et le 9Q-CLQ.

Quant aux quatre restants, deux ont crashé lors de vols d'entraînement : les 9Q-CLR en janvier 1978 à Kisangani et 9Q-CLP en février 1980 à Kinshasa. Un autre, le 9Q-CLO, a été détruit au sol par un MIG en Angola, tandis que le dernier a été déclassé après sa sortie de piste à Boende, le 19 janvier 1976, à la suite de mauvais temps.

Les deux Super DC-8-63 ont été acquis neufs : le 9Q-CLG le 21 novembre 1970 et le 9Q-CLH le 4 août 1971.

Le 9Q-CLH a été vendu par l'État le 19 janvier 1980 et le 9Q-CLG a été échangé le 20 janvier 1992 contre un tout vieux DC-8-54 cargo, qui prenait moins de charges et était plus gourmand en carburant. L'échange a généré plus de 7 000 000 $, dont on n'a jamais connu la destination, le Comité de gestion et le Conseil d'administration ayant carrément été mis devant le fait accompli.

Le DC-8-54 est immobilisé à Goma depuis plusieurs années, soi-disant à la suite de la guerre. Mais en réalité, il n'y a jamais eu d'hostilités à Goma. L'autre vérité est que l'avion avait embouti le mur de lave en bout de piste lors de son atterrissage.

Le B-747-100 immatriculé N747PA, qui avait été pris en location auprès de la Pan Am le 22 novembre 1973, a été restitué le 3 avril 1975.

Le 13 juin 1985, toujours sans l'avis ni l'accord du Comité de gestion d'Air Zaïre, l'État a vendu le DC-10-30 (9Q-CLT) qu'on avait acquis à l'état neuf en 1974 et qui n'avait que onze ans d'âge.

Pour le deuxième DC-10-30 (9Q-CLI), également réceptionné neuf, le 27 juin 1973, je l'avais personnellement amené à Tel Aviv en 1992 pour y subir un D check (remise de potentiel après plus ou moins 19 000 heures de vol d'utilisation), pour un montant oscillant entre 3 et 5 000 000 $. Mais par défaillance de paiement, malgré les promesses du gouvernement, il a été démantelé à Tel Aviv au mois de mai 2002, sur décision de l'État, à l'issue de dix années d'immobilisation. Pourtant, I.A.I. (Israël Aircraft Industrie) était prêt à effectuer le travail moyennant une avance de 1 000 000 $, le solde pouvant être réglé pendant l'exploitation de l'avion.

Pour ce qui est des trois B-737-200, le 9Q-CNJ a été vendu par UTA, le 9Q-CLK est en attente d'un D check depuis le 17 janvier 1999 et le dernier, le 9Q-CNI, a été déclassé.

A propos de Pan Am, les difficultés financières dues au coût très élevé de l'assistance technique ainsi que la frustration des cadres zaïrois, écartés de la gestion de la compagnie, ont amené le gouvernement à mettre fin à la collaboration en 1977.

Le départ des Américains a eu pour conséquence la nomination d'un nouveau Conseil d'administration ainsi que du premier PDG zaïrois, en la personne du général de division Antoine Molongya, assisté par un Comité de gestion.

La période allant de 1977 à 1980 a été marquée par une légère amélioration. Mais, la société avait accumulé de graves problèmes de trésorerie, qui a entraîné une baisse des activités et a porté atteinte à son image. Les deux « Guerres du Shaba » ont contribué à endetter davantage la compagnie, ses avions ayant servi, pour la plupart, au pont aérien.

Pendant la gestion du PDG Geyero Tekule, la société Air Zaïre a été privée d'un de ses deux DC-10-30 par l'État zaïrois. Si le produit de sa vente (environ trente millions de dollars US) avait été réinvesti dans l'entreprise pour augmenter son capital comme le souhaitaient ses dirigeants, les problèmes de trésorerie auraient été résolus et une relance des activités réalisée. Les créanciers auraient également été payés et la confiance serait revenue.

Malheureusement, le gouvernement n'a pas tenu compte de la créance d'UTA industries sur Air Zaïre. En effet, lors de l'acquisition des DC-8 et DC-10 en 1970, 1973 et 1974, Air Zaïre, à travers l'État, avait signé un contrat de maintenance avec UTA pour l'entretien de ses avions.

Mais étant dans l'impossibilité de respecter ses engagements et croyant constamment aux miracles, l'État s'était résolu à confier la gestion de sa compagnie à la société privée française UTA qui, pour régler les problèmes de trésorerie, avait signé à son tour un contrat de :

- Un crédit bail portant sur le DC-10 restant, soit 24 millions de dollars US, mais UTA a pris en garantie le DC-10, qui devenait français et immatriculé en France. Pour piloter cet avion, nous recevions, chaque mois, une validation de la DGAC (Autorité de l'aviation civile française), avec interdiction de concurrencer les lignes aériennes françaises.
- Un crédit de la Banque du Zaïre et un autre de la Belgolaise, consentis pour des montants respectifs de 5 et 10 000 000 US$.

Ensuite, UTA a ordonné la vente de la résidence de Londres appartenant à Air Zaïre, l'appartement de Madrid ainsi que quatre Fokker F-27 et un B-737-200. En outre, l'État s'était engagé à payer à UTA un million de dollars par mois, au titre de remboursement de la créance d'Air Zaïre sur l'État.

Malgré ces efforts, UTA, sous différents prétextes, a dénoncé en date du 21 septembre 1988, avec préavis de six semaines, le contrat de gestion d'Air Zaïre, signé avec le gouvernement le 12 décembre 1985.

Pour sauvegarder les intérêts de la compagnie, l'État a pris la décision de racheter le DC-10 et d'accepter en même temps la dénonciation du contrat par UTA. A cet effet, l'État a payé, à la demande d'UTA, la somme de 70 millions de francs français, représentant 50 % de la créance globale d'UTA sur Air Zaïre, pour solde de tout compte. Le 6 novembre 1988, UTA se retira d'Air Zaïre.

Personne n'est aujourd'hui en mesure de préciser combien Air Zaïre a gagné ou perdu pendant la gestion UTA. La fin de la gestion française a entraîné la nomination d'un comité intérimaire de gestion (1988 à 1989) et la désignation de M. Yuma Morisho, haut cadre de la Banque africaine de développement (BAD) en qualité de PDG. Cette nomination a coïncidé avec ma propre promotion, par ordonnance présidentielle, en qualité d'administrateur directeur des opérations, poste que j'ai occupé jusqu'à mon terrible accident de roulage, le 14 avril 1996.

La gestion de Yuma a été marquée par la vente du DC-8-63 restant, avec la bénédiction de l'État, sans contrepartie pour la compagnie. En vue de calmer les agents, qui étaient prêts à débrayer, Air Zaïre est devenu propriétaire d'un DC-8-54 cargo, de plus de trente ans d'âge.

A ensuite succédé la gestion du général Kikunda Ombala, pendant laquelle l'un des deux B-737-200 restants a quitté la piste à son atterrissage à Kinshasa et a été considéré comme perdu. L'autre attend sa grande maintenance depuis 1995 et ne vaut plus un penny, puisqu'il va bientôt totaliser quarante ans d'âge.

Air Zaïre, aujourd'hui LAC, peut être considéré comme étant dans l'impossibilité d'opérer, par manque d'avions en état de voler, à moins d'opter pour un leasing ou d'ouvrir son capital aux privés. Mais il y a des préalables à cette solution.

(3) Ressources humaines

Pendant la gestion du PDG Geyero, les effectifs sont passés de 7 500 à 2 662 agents, après ce qu'on a dénommé « la mise en congé technique », qui a provoqué des drames dans plusieurs foyers, parce qu'il n'y avait aucun plan de reclassement.

En 1995, il y avait encore 2 009 agents dans l'entreprise, pour une flotte inexistante. Il en est résulté des retards de paiement des salaires dépassant soixante-dix mois ! Les agents, vivant d'expédients, ont fini par déclencher la plus grave et la plus longue grève de l'histoire de la société, soit plus de cinq mois d'inactivité. C'était sous la gestion Kikunda.

Des solutions de relance avaient été proposées à l'État, qui n'avait jamais été capable de définir une politique sur sa compagnie nationale. A cet effet, il est bon que les autorités puissent savoir que la gestion d'une compagnie aérienne est soumise à une série de contraintes.

Prenons l'exemple d'un vol Kinshasa-Bruxelles. Rien qu'en apport carburant, le DC-10 décollait de Kinshasa, au poids maximum, avec 80 tonnes de carburant, soit 100 000 litres de pétrole. S'il faut les chiffrer au prix actuel, plus d'un dollar/litre, on se fait une idée de ce que la compagnie déboursait en aller simple, soit plus de 100 000 $ rien qu'en carburant.

En outre, il y a les redevances de survol et de parking ainsi que l'assistance au sol, qu'il faut estimer à plus ou moins 12 000 dollars pour un aller simple.

En tant que compagnie d'État, celle-ci avait l'obligation de vendre ses services en monnaie locale, alors que les dépenses étaient honorées en devises. Mais chaque fois qu'elle se plaignait de la situation, l'Etat alléguait qu'Air Zaïre avait un rôle social à remplir.

Depuis la libéralisation du transport aérien en RDC, une concurrence sauvage s'est exercée entre les transporteurs. Ce qui pénalisait davantage Air Zaïre, dont les contraintes n'étaient pas différentes de celles d'une compagnie européenne ou américaine.

Air Zaïre fonctionnait selon les normes de l'OACI, en matière de transport des passagers et des frets. Ses avions étaient bien entretenus et les équipages périodiquement recyclés, alors que les privés, eux, ne se sentaient pas concernés. Cette inadéquation a poussé les autorités américaines et européennes à exclure les avions zaïrois (congolais) de leur ciel respectif.

Comment dès lors expliquer qu'on puisse acheter un appareil d'occasion aux USA ou ailleurs, sans que l'Autorité de l'aéronautique civile ne puisse effectuer un contrôle rigoureux sur place ? Sous d'autres cieux, par contre, les licences d'exploitation ne sont délivrées qu'après approbation du plan de maintenance et autres considérations, financières et juridiques notamment.

Le transport aérien a été marqué au Zaïre par la prolifération des compagnies, sans que l'autorité compétente ne tienne compte de l'étude du marché. A titre d'exemple, en 1977, l'époque du boum économique zaïrois, il y avait plus de 600 000 passagers par an entre le Zaïre et l'Europe, toutes destinations confondues.

Mais, malgré la rétrocession des biens aux anciens propriétaires après l'échec de la zaïrianisation, le nombre des passagers est tombé à plus ou moins 150 000 par an. Après les premiers pillages en septembre 1991, ce chiffre a tourné autour de 75 000 puis à environ 30 000 passagers après les deuxièmes pillages, en janvier 1993.

Néanmoins, le ciel congolais continuait à compter jusqu'à cent compagnies aériennes privées pour un marché qui, paradoxalement, se rétrécissait. Certains privés avaient même été autorisés à desservir la Belgique, malgré les protestations de la Sabena et d'Air Zaïre, oubliant que le régime de la mono-désignation était en vigueur. C'était le cas de Scibe Zaïre et de Shabair, désignés par l'Etat pour desservir la ligne.

Qu'un ministre signe des arrêtés pour octroyer les droits de trafic, sans tenir compte du marché passagers et frets, dépassait déjà l'entendement. Souvent de grosses commissions étaient mises sur table pour ce faire.

Pire, obliger Air Zaïre à céder à ses concurrents sa dénomination QC, tel que le phénomène s'est produit au Zaïre, était suicidaire, car il n'y avait pas de contre-partie pour la compagnie nationale, qui risquait ainsi de perdre sa réputation du point de vue de la sécurité des vols. Air Zaïre avait d'ailleurs reçu des plaintes des autorités aéronautiques européennes pour non-respect des procédures et des engagements.

En effet, les avions concernés n'avaient de commun avec Air Zaïre que le numéro de vol, aliéné sous contrainte. Par ailleurs, ces privés desservant la Belgique ne payaient ni royalties ni redevances aéronautiques, qui avaient été automatiquement facturées à la compagnie nationale pour plus de 6 000 000 $.

De surcroît, les biens d'Air Zaïre à Bruxelles ont été saisis en 1993 puis vendus aux enchères, parce qu'une compagnie privée zaïroise, utilisant son numéro de vol, a refusé de s'acquitter des redevances dues à Eurocontrol.

Les autorités congolaises ont été tenues au courant des conséquences que cette situation allait entraîner à court et moyen terme, c'est-à-dire la disparition d'Air Zaïre et celle des compagnies privées concurrentes. La suite nous a donné raison.

En 1977, Air Zaïre avait 37 % du marché international par rapport à des compagnies telles qu'UTA, Sabena, Swissair, Tap, Lufthansa et British Caledonian, sur la relation Kinshasa-Europe-Kinshasa, soit 60 % de son chiffre d'affaire. De 1987 à 1990, ces dividendes ne représentaient plus que 13 %, que la compagnie nationale partageait avec Scibe et Shabair.

De même, l'État doit se rendre compte qu'il n'a plus investi dans sa compagnie nationale depuis 1974. De même, il est responsable de la situation catastrophique que traversent toutes les entreprises du portefeuille.

Le 12 juin 1995, le Tribunal de Commerce de Bruxelles a unilatéralement prononcé la faillite d'Air Zaïre. Mais, était-ce une faillite voulue par les autorités des deux pays, ou simplement politique ? Pourquoi l'Etat propriétaire n'a-t-il jamais voulu débattre de la question ?

Si LAC, la nouvelle appellation, a besoin de négocier avec le curateur de la faillite en vue de fonctionner, c'est qu'il existe un véritable problème qu'il faut résoudre.

Depuis, aucune autorité belge ni congolaise n'a jamais demandé au curateur de clarifier la gestion de cette faillite, alors que ceux en charge notamment de la faillite de Sabena rendent régulièrement compte à qui de droit.

Air Zaïre constituant un patrimoine commun des Congolais, il est difficile de comprendre qu'un pays tiers, en l'occurrence la Belgique, puisse déclarer la faillite d'une compagnie nationale d'un Etat souverain sans l'accord de ce dernier.

A mon humble avis, Kinshasa a deux choix. Le premier consiste à reconnaître la faillite, qui permettrait d'effacer les deux-tiers de la dette. Car, nonobstant les arriérés des salaires, estimés à plus de 100 millions USD et dont une partie est supposée avoir été payée par la curatelle, le solde est dérisoire.

La seconde possibilité est celle qui obligerait l'Etat à payer le prix de sa souveraineté, soit près de 30 millions USD qu'il doit depuis 1990 à sa compagnie, en faisant fi des intérêts moratoires, sans omettre le fruit de la vente du DC-10 9Q-CLT.

Dans un cas comme dans l'autre, il devra dissocier la politique des affaires, en autorisant la privatisation des LAC, par l'ouverture de son capital aux opérateurs privés, nationaux ou étrangers, seule solution susceptible de sauver la compagnie.

Pour ce faire, il y a deux préalables : d'un côté, rendre de nouveau la compagnie attractive par l'effacement de son passif et, de l'autre, en définir les stratégies de développement.

ACQUISITION ET MUTATION DE LA FLOTTE

Avion à pistons

Page1

TYPE D'AVION	IMMATRI-CULATION	ANNEE DE FABRICATION	DATE DE RECEPTION	ETAT DE L'AVION	MODE D'ACQUISITION	MUTATION
DC4	9Q-CBD	1946	Juillet 1961	Occasion	Acquis de la SABENA par une convention de location/achat sur les fonds d'Air Congo	Vendu le 01/07/1976 sous gestion PanAm
DC4	9Q-CBF	1946	Juillet 1961	Occasion	Idem	Vendu le 24/06/1976 sous gestion PanAm
DC4	9Q-CBG	1944	Juillet 1961	Occasion	Idem	Vendu le 25/06/1976 sous gestion PanAm
DC4	9Q-CBH	1947	Juillet 1961	Occasion	Idem	Accidenté à Gemena le 07/03/1974 - Déclassé
DC4	9Q-CBI	1947	Juillet 1961	Occasion	Idem	Vendu le 15/10/1976 sous gestion PanAm
DC4	9Q-CBR	1947	Juillet 1961	Occasion	Idem	Déclassé le 27/09/1975 sous gestion PanAm
DC4	9Q-CBT	1947	Juillet 1961	Occasion	Idem	Accidenté à Kalemie le 13/01/1973-Déclassé
Beechcraft	9Q-CXJ	1965	24/11/1965	Neuf	Payé par les fonds d'Air Congo	Accidenté à Matshiseka le 12/04/1977,radié le 22/04/1977

N.B. : Les 13 DC3 et les 2 DC6 acquis dans les mêmes conditions que les DC4 ci-dessus, ont été cédés à titre gracieux à la Force Aérienne Congolaise (FAC) en 1970 sur décision de l'Etat.

Quant aux 15 petits porteurs (Beechcraft), ils ont été remis à la COGEAIR sur instruction de l'Etat, moyennant une prise de participation dans cette entreprise.

ACQUISITION ET MUTATION DE LA FLOTTE

Jets & Turbopropulseurs

Page 2

TYPE D'AVION	IMMATRI-CULATION	ANNEE DE FABRICATION	DATE DE RECEPTION	ETAT DE L'AVION	MODE D'ACQUISITION	MUTATION
BAC 111-500	G-AVBW	-	05/1967	Occasion	En location de Laker Airways	Rendu en Octobre 1968
DC8-30	-	-	05/1967	Occasion	En location de Capitol Airways	Rendu en Juillet 1969
Caravelle 11R	9Q-CLC	1967	19/10/1967	Neuf	Crédit COFACE contracté par l'Etat et payé par Air Congo	Vendu sous gestion PanAm Parti le 26/06/1976
Caravelle 11R	9Q-CLD	1967	19/06/1968	Neuf	-Idem-	Vendu sous gestion PanAm Parti le 26/06/1976
Fokker 27	9Q-CLK	1969	27/02/1969	Neuf	Crédit payé avec les fonds d'Air Congo	Vendu sous gestion UTA Parti le 11/05/1986
Fokker 27	9Q-CLL	1969	07/03/1969	Neuf	Crédit payé avec les fonds d'Air Congo	Vendu sous gestion UTA Parti le 22/03/1986
Fokker 27	9Q-CLM	1969	15/03/1969	Neuf	Crédit payé avec les fonds d'Air Congo	Accidenté à Boende le 19/01/75 Déclassé
Fokker 27	9Q-CLN	1969	23/03/1969	Neuf	Crédit payé avec les fonds d'Air Congo	Vendu sous gestion UTA Parti le 14/09/1987
Fokker 27	9Q-CLO	1969	05/03/1969	Neuf	Crédit payé avec les fonds d'Air Congo	Accidenté en Angola Déclassé en mars 1976
Fokker 27	9Q-CLP	1969	16/05/1969	Neuf	Crédit payé avec les fonds d'Air Congo	Accidenté à Kinshasa en février 1980 - Déclassé
Fokker 27	9Q-CLQ	1969	30/06/1969	Neuf	Crédit payé avec les fonds d'Air Congo	Vendu sous gestion UTA Parti le 22/03/1986
Fokker 27	9Q-CLR	1969	30/09/1969	Neuf	Crédit payé avec les fonds d'Air Congo	Accidenté à Kisangani en janvier 1978 - Déclassé

ACQUISITION ET MUTATION DE LA FLOTTE

Jets

Page 3

TYPE D'AVION	IMMATRI CULATION	ANNEE DE FABRICATION	DATE DE RECEPTION	ETAT DE L'AVION	MODE D'ACQUISITION	MUTATION
DC8-33	9Q-CLE	1960	12/06/69	Occasion	Payé par l'Etat congolais	Economiquement irréparable Radié le 11/10/85
DC8-33	9Q-CLF	1960	10/07/69	Occasion	Payé par l'Etat congolais	Economiquement irréparable Radié le 13/12/77
DC8-63F	9Q-CLG	1970	21/11/70	Neuf	Crédit du consortium des banques piloté par la Banque du Peuple et payé par Air Congo	Echangé le 20/01/92 contre le DC8-54 plus vieux. Litige pendant
DC8-63F	9Q-CLH	1971	04/08/71	Neuf	Idem	Vendu par l'Etat /Parti le 19/01/80
B.747	N-747PA	-	22/11/73	Occasion	Pris en location auprès de la Panam	Retourné à la Panam le 03/04/75
DC10-30	9Q-CLI	1973	27/06/73	Neuf	Payé par l'Etat Congolais	Démantelé à Tel-Aviv en mai 2002 sur décision de l'Etat
DC10-30	9Q-CLT	1974	28/06/74	Neuf	Payé par l'Etat Congolais	Vendu par l'Etat /Parti le 13/06/85
B.737-200	9Q-CNI	1973	27/06/73	Neuf	Payé par l'Etat Congolais	Accidenté à Kinshasa le 03/01/85. Déclassé
B.737-200	9Q-CNJ	1974	02/05/74	Neuf	Payé par l'Etat Congolais	Accidenté et vendu sous gestion UTA
B.737-200	9Q-CNK	1974	08/05/74	Neuf	Payé par l'Etat Congolais	Au sol à Kinshasa en attente du check D depuis le 17/01/99.
DC8-54	9Q-CLV	-	fév-92	Occasion	Acquis en échange du DC8-63/9Q-CLG	Immobilisé à Goma suite à la guerre

d. Sécurité aérienne en RDC

(1) Libéralisation du transport

Après la libéralisation du transport vers les années '78, il est plus que temps, au regard des années d'anarchie, d'en dresser le bilan. Il convient à cet effet de se poser une série d'interrogations. En effet, le système de transport aérien a-t-il été plus efficace ? Le marché intérieur s'est-il développé ? Le territoire national a-t-il été mieux desservi ? Les privés ont-ils modernisé leur outil de production ? Sont-ils en mesure de renouveler leur flotte, dont la moyenne d'âge approche les trente-cinq ans ? Va-t-on favoriser, sur le plan international, la concurrence entre compagnies nationales sur des marchés déjà étroits ? Le Congo sera-t-il plus efficace contre la concurrence étrangère dans la division ?

A mon avis, le pari n'a pas été tenu, en règle générale. Pour ce faire, un cadre réglementaire approprié doit être défini en vue de permettre d'assurer un développement plus stable et plus harmonieux de l'aviation commerciale, car le remède à la concurrence risque d'être pire que le mal.

Dans la même optique, l'Etat devrait, d'un côté, redonner les moyens à une seule compagnie nationale et ne pas abandonner le terrain aux appétits affairistes de certains bailleurs de fonds. De l'autre, les privés doivent être encouragés à participer dans la capitalisation de la nouvelle compagnie à créer.

La libéralisation du secteur aérien a entraîné la descente aux enfers de la compagnie nationale Air Zaïre, aujourd'hui LAC. Celle-là même qui pouvait s'enorgueillir de posséder, jusque là, un bilan en matière de sécurité aérienne au-dessus de la moyenne mondiale. Mais l'État propriétaire n'a rien fait pour définir la politique à suivre afin de sauver sa compagnie et assainir l'espace aérien national.

Plusieurs sociétés privées ont profité de la lacune pour s'implanter et, ce, sans respecter les normes de l'OACI en matière de personnel, de matériel volant, de documentation, de formation, de maintien des qualifications des équipages et d'assurances entre autre. A cela il convient d'ajouter la dégradation progressive de certaines pistes d'atterrissage.

De même, la croissance démographique et l'expansion économique de la RDC ont eu notamment pour effet d'accroître la demande dans le transport aérien. Le Congo, qui a la taille d'un sous-continent, ne dispose que des réseaux routiers et ferroviaires très peu développés. Aussi, l'avion est devenu au fil des ans le moyen de transport privilégié permettant de parcourir ce vaste pays d'est en ouest et du nord au sud.

La RDC est confrontée à une croissance rapide de sa population, qui se traduit par un étalement spatial généralisé, entraînant une forte demande de déplacement entre les villes. Ce besoin croissant de mobilité s'est naturellement accompagné d'une augmentation inquiétante du nombre de compagnies aériennes privées et d'une importante flotte, liée au volume de passagers sans que les infrastructures ne suivent.

En effet, les aéroports sont aujourd'hui mal adaptés et répondent difficilement aux normes de l'OACI. Par ailleurs, toutes les compagnies congolaises sont black-listées, car ne satisfaisant pas aux critères minimaux de sécurité, et interdites de survol du ciel européen, sauf Korongo techniquement s'entend.

(2) Partage de connaissances et d'expérience

Malgré le fait que la RDC soit réputée championne en matière d'accidents d'avions, aucune mesure n'a été prise par les autorités politiques. Ce qui n'est pas étonnant, car il s'agit de maintenir la sécurité du transport aérien à un niveau qui ne puisse pénaliser les objectifs industriels et commerciaux d'une minorité, tout en affirmant, de façon hypocrite, de maintenir « la sécurité » à son plus haut niveau.

Dans un transport aérien où les banquiers et les hommes d'affaires dictent leur loi sans aucun contre-pouvoir, la désorganisation du retour d'expérience, déjà stigmatisée par l'OACI dans son audit de 2008, démontre que la sécurité est définitivement reléguée au second plan.

Pourtant, le niveau de sécurité avait progressé de façon constante depuis la création de la compagnie nationale (Air Congo/Air Zaïre/LAC) en 1961, grâce essentiellement au partage de l'expérience. Ainsi, la connaissance acquise par chacun était transmise à tous et chacun pouvait bénéficier de la totalité des connaissances apportées par l'ensemble des acteurs.

Il faut noter que l'analyse des catastrophes aériennes fait souvent apparaître un cumul des causes internes, notamment techniques et humaines, ainsi qu'externes. Des pilotes bien formés et expérimentés peuvent bien gérer un problème technique, ce qui n'est pas le cas d'un personnel navigant ne respectant pas les normes et avec lequel, n'importe quel problème technique peut conduire à un désastre.

Les erreurs des pilotes proviennent souvent du non-respect des check-lists et des procédures. Autrement, comment expliquer la disparition d'un appareil qui a été certifié en parfait état par l'autorité compétente ?

Piloter un avion dans des conditions extrêmes est une question d'expérience. En RDC, on dénombre plusieurs lacunes dans la sélection et la formation de la plupart des pilotes et techniciens, qui appellent à une nette amélioration. Cette formation doit se réaliser dans des écoles agréées à cet effet.

Dans un document du 9 septembre 2009, la F.A.A. (Federal Aviation Administration) a affirmé que les sondes Thales pouvaient aboutir à des « *Unsafe conditions* » (conditions d'insécurité), ce qui pourrait entraîner l'équipage dans une détresse physique ou une charge de travail excessive. Cet état ne peut lui permettre d'assurer ses tâches avec précision ni de les mener à terme. C'est l'une des causes du crash de l'Airbus 330-200 reliant Rio à Paris.

Dans son manuel de gestion de la sécurité, l'OACI mentionne, au paragraphe 8.2.2, qu'en vue de comprendre pourquoi quelque chose s'est produit, il faut bien saisir tout le contexte de l'événement. De même, pour acquérir la compréhension des conditions dangereuses, l'enquêteur est appelé à adopter une approche systémique.

Les enquêtes techniques relatives aux accidents du transport aérien ne sont pas complètes si le contexte de l'accident n'est pas décrit de façon précise par une approche systémique.

Ainsi, si l'administration chargée du contrôle des compagnies est désorganisée ou laxiste, si les compagnies font pression sur leurs équipages pour privilégier leur propre programme des vols, si les objectifs économiques prennent le pas sur la sécurité notamment, le contexte est favorable à l'accident. Une approche systémique des enquêtes élargit le champ des responsabilités.

(3) Appliquer le Code de l'air

A plusieurs reprises les autorités politiques de la RDC ont été sensibilisées pour doter leur pays d'une loi sur le Code de l'air, dans l'objectif de le placer en conformité avec la Convention de Chicago et ses annexes actualisés.

Au risque de nous répéter, le Code de l'air renferme des dispositions qui fixent les règles applicables à l'aviation civile sur le territoire de la RDC, en ce qui concerne les aéronefs, les aérodromes, la gestion de l'espace aérien, le personnel et l'exercice des activités dans ce domaine.

Le chef de l'Etat congolais a promulgué la fameuse loi en janvier 2011, mais sa mise en application pose problème jusqu'à la parution de ce récit, c'est-à-dire plus de trois ans après la promulgation de la loi, sans que personne ne soit informé de la raison.

Aussi, combien de morts liés aux accidents d'avions faut-il encore déplorer pour tirer les leçons des précédentes catastrophes ? L'accident résulte souvent d'un faisceau de causes diverses dont l'enchaînement, très peu probable, s'est pourtant matérialisé. Ainsi, pour prévenir, il faut comprendre comment l'enchaînement a pu se développer.

Il faut aller aux causes profondes et, de ce point de vue, chaque scénario ou hypothèse est porteur de message de sécurité. Après l'accident d'un DC-9 à Goma, à l'est du Congo, un collègue français a indiqué, avec raison, qu'il n'acceptait pas que l'on puisse affirmer que ce pays est maudit car, à son avis, il n'y a pas de fatalité dans un accident d'avion et encore moins de malédiction. Celui-ci résulte plutôt d'une succession d'incidents et de circonstances défavorables qui s'accumulent et qui provoquent malheureusement l'irréparable.

Il faudrait s'interroger sur la précarité de l'aviation en RDC ainsi que sur les raisons qui ont transformé son espace aérien en un grand cimetière. Lorsque seront fournies les réponses à cette préoccupation, l'on pourra alors débuter le ménage dans le secteur aéronautique.

En effet, l'homme ne peut jouer que dans les limites de ce qui lui est permis. Au-delà, c'est Dieu.

MA MISE À LA RETRAITE

1. Un long séjour à l'Hôpital Brugmann

a. Les leçons à tirer

Ma longue période d'hospitalisation à l'Hôpital Brugmann m'a permis de me poser des questions essentielles sur ce qu'avait été ma vie, avant ce terrible accident de circulation, le 14 avril 1996 à Kinshasa.

Trois mois durant, j'étais prisonnier de mon lit d'hôpital, avec une jambe droite suspendue grâce à un poids qui était relié à un fil attaché à une broche, qui traversait mon genou de part en part.

Pour la première fois de ma vie, je dépendais d'autres personnes pour tous mes besoins. C'était tellement désagréable que je n'osais pas regarder dans les yeux l'infirmière qui s'occupait de moi. Consciente de mon embarras, elle me rassurait en ces termes :

- Ne soyez pas gêné, cela fait partie de mon travail.

Le poids qui retenait ma jambe droite fut enlevé après douze semaines, me permettant ainsi de commencer les séances de rééducation, qui allaient durer plusieurs mois. J'ai aussi beaucoup appris à cette occasion sur le sens à donner aux mots Patience, Foi, Amour et Humilité.

En effet, avant ce terrible accident, je n'avais encore jamais été hospitalisé. Je me posais parfois la question de savoir pourquoi les malades étaient appelés « patients ». Mais lorsque l'on est immobilisé plusieurs mois à l'hôpital, dont tout un trimestre attaché au lit, on comprend qu'il faut énormément de patience et de volonté pour guérir.

S'il y a 60 minutes dans une heure et 24 heures dans un jour, plusieurs mois d'hospitalisation paraissent une éternité. C'est là qu'intervient la notion de la foi qui, selon la Bible, est la ferme assurance des choses que l'on espère et la matérialisation de celles qu'on ne voit pas. Cette foi sert à donner du tonus à sa volonté de changement, dans le sens que l'on espère et l'on croit fermement à sa guérison.

Lorsque je considère ma condition physique actuelle, comparée au grand blessé que j'étais après l'accident, je me dis souvent que je suis un miraculé.

Un autre élément clef de ma guérison fut la présence quotidienne à mes cotés de ma bien-aimée Marie-José, pendant toute la durée de mon hospitalisation. Elle était l'ange gardien qui me tenait compagnie. Sa présence me servait de calmant, mais aussi et surtout d'espoir. C'est quand on réalise l'amour d'une femme que l'on peut se poser la question de savoir si on la mérite vraiment.

Guérir, c'est comme grandir. Ce n'est pas une course de vitesse, car cela ne sert à rien de vouloir précipiter les événements.

Pour finir, j'ai découvert l'humilité par le simple fait de m'être trouvé dans une situation où je dépendais désormais des autres, alors qu'avant mon accident, je gérais ma vie pratiquement tout seul. Cette dépendance m'a également permis de réfléchir sur la vanité humaine.

On dit souvent que les cimetières sont remplis de gens indispensables. On ne le dira jamais d'un vivant, car nous sommes tous remplaçables. Qui que vous soyez, il suffit d'un rien pour vous retrouver au point de départ. Devenu quantité négligeable, j'ai compris qu'il ne faut se glorifier de rien dans la vie.

Après ma sortie de l'hôpital, la route de la guérison restait longue. Avec l'aide de mes deux béquilles, mon ami Joseph Kazadi est venu me chercher à bord de sa voiture pour me conduire sur Boulevard de la Cambre, où une chambre avait été louée pour moi dans un flat hôtel par un autre ami, l'ambassadeur Jean-Pierre Kimbulu.

Il fallait que je reste à Bruxelles pour parachever ma guérison, qui nécessitait encore plusieurs séances de kinésithérapie - plus ou moins trois mois au total - avant de prétendre reprendre une quelconque activité.

Les séances de kinésithérapie alternaient avec la marche à pied à travers le quartier où j'étais logé, afin d'affermir mes muscles restés inactifs pendant les longs mois d'immobilisation.

b. Un emploi à SkyJet

C'est au retour de l'une de ces marches que je reçus un coup de fil de M. Roger Piemont, que j'avais entraîné sur DC-10 quelques années auparavant à Air Zaïre. Il n'est pas allé par quatre chemins pour m'avouer qu'il souhaitait que je puisse voler à SkyJet, compagnie dont il était le directeur des opérations.

D'abord, c'est le sentiment de surprise qui a prévalu en moi. J'ai immédiatement pensé à cette date du 18 avril, qui est celle de mon transfert médicalisé vers Bruxelles par le vol Sabena. En effet, deux heures avant que je ne quitte l'hôpital Ngaliema de Kinshasa, j'ai demandé, comme par pur réflexe, qu'on m'amène mon uniforme de pilote ainsi que mon sac de vol.

Je me rappelle parfaitement la réaction suscitée auprès de certaines personnes qui m'entouraient et qui ont commenté à peu près en ces termes :

- Il est fou. Voilà quelqu'un qui risque de mourir et qui veut son uniforme et son sac de vol.

Après la surprise provoquée par le coup de fil M. Piemont a suivi le sentiment d'avoir réalisé un rêve. J'ai alors répondu que j'étais en pleine rééducation et que je n'étais pas apte à voler. Mon interlocuteur répliqua qu'il le savait et que, pour lui, je devais prester au début comme instructeur au simulateur, puisque j'avais la qualification en la matière.

C'est ainsi qu'à l'issue de ma mise à jour sur l'utilisation du simulateur DC-10 à Bruxelles National, j'ai débuté comme instructeur pilotes, jusqu'au jour où je suis redevenu capable de naviguer.

Roger s'est occupé de la validation de ma licence afin de me permettre de voler sur les DC-10-15 immatriculés à Antigwa dans les Caraïbes.

SkyJet, qui est une compagnie de leasing appartenant à un sujet belge, M. Pierre Vandenbrouke, possédait quatre DC-10-15. Deux d'entre eux étaient immatriculés V2-SKY et V2-LER à Antigwa, tandis que les deux autres, SX-CVP et SX-CVH, l'étaient en Grèce.

Aussi, pour pouvoir voler sur ces appareils, les équipages disposaient à la fois d'une licence Antigwa (équivalence) et d'une validation grecque. En réalité, il existait deux compagnies en une : SkyJet et Electra.

J'ai effectué mon premier vol, le 21 février 1997, pour le compte d'Air Afrique sur la relation Bruxelles-Paris-Marseille et Abidjan. C'était le prélude à tant d'autres vols pour le compte de différentes compagnies du monde, aussi bien européennes, asiatiques, africaines, nord et sud-américaines, du Moyen-Orient et des Caraïbes.

En six années de collaboration avec SkyJet, j'ai davantage parcouru le monde que pendant les trente années où j'ai évolué à Air Zaïre.

N'étant pas une compagnie régulière et pour éviter que les équipages ne soient confrontés aux imprévus, les pilotes subissaient plusieurs séances de simulateur par an, contrairement aux autres compagnies. De même, ils disposaient des informations précises sur certaines destinations qu'ils découvraient pour la première fois.

En vue de satisfaire aux exigences des clients, les avions de cette compagnie étaient équipés des systèmes de navigation de la dernière technologie. Aussi, il était rare qu'un avion de SkyJet fasse diversion.

c. Un long combat pour la sécurité aérienne

Pendant les années que je venais de vivre en dehors du Congo, je n'avais jamais cessé de penser à mon pays ainsi qu'aux LAC (Air Congo), la compagnie qui m'employait. Dans le cadre des relations que j'avais établies avec l'aéronautique belge, j'ai tenté, tant soit peu, d'aider la RDC en sensibilisant les autorités de ce pays pour édicter les mesures d'application de la Convention de Chicago.

Aussi, pour se mettre en conformité avec cette convention, le Congo s'est doté d'une Autorité de l'aviation civile autonome, qui doit avoir ses moyens financiers propres, ainsi que d'une loi sur le Code de l'air, contenant des dispositions qui fixent les règles applicables à l'aviation civile sur le territoire congolais en ce qui concerne les aérodromes, la gestion de l'espace aérien, le personnel et l'exercice des activités dans ce domaine.

Le Nigeria, qui a connu une année noire en 2005 avec environ 430 morts liés aux accidents d'avions, est en pleine réforme en la matière, avec une première série de résultats probants, notamment la construction d'enceintes en fer barbelé autour des vingt-trois aéroports auparavant sans clôture, l'agrandissement des pistes d'atterrissage, l'apparition de nouvelles compagnies investissant dans des avions neufs et le recrutement d'agents mieux formés.

En effet, à la suite d'une série de catastrophes aériennes, ce pays a entrepris depuis 2006 d'importantes réformes pour assainir le secteur de l'aviation, avec entre autres des contrôles plus rigoureux et des nouvelles compagnies avec des appareils récents. Les premiers résultats sont plutôt encourageants. Depuis 2007, le Nigeria n'a pas connu d'accidents ni d'incidents majeurs, grâce à ces reformes.

Pour y parvenir, il a fallu une réelle volonté politique et une évolution remarquable, car le secteur aéronautique du Nigeria était l'un des plus meurtriers du monde. Surtout lorsque l'on sait que ce pays s'est retrouvé, en 2006, classé 18e État le plus corrompu au monde par l'ONG Transparency International, avec des compagnies privées d'aviation réputées spécialistes de pots-de-vin en faveur des agents de l'autorité de l'aviation civile pour échapper aux inspections.

La plupart de ces compagnies, sans grandes ressources financières, se procuraient et utilisaient des appareils vétustes, souvent âgés de 25 à 40 ans, avec la complicité active de certaines autorités politiques corrompues, qui étaient parfois actionnaires dans la compagnie.

En revanche, le gouvernement nigérian a non seulement interdit l'exploitation des appareils dégradés en ordonnant aux opérateurs d'en acquérir de nouveaux au plus tard début 2007, mais aussi les a sommés de payer une caution allant de 3 à 11,5 millions d'euros, selon que leurs compagnies desservaient les liaisons intérieures, continentales ou internationales.

2. La retraite proprement dite

Ma mise à la retraite est intervenue en date du 22 août 2011. J'étais alors âgé de 69 ans. Néanmoins, je tiens à souligner que beaucoup d'irrégularités ont entaché la procédure pour arriver à cette fin. A ce sujet, qu'il me soit permis de relever certains points, entre autres :

- Pourquoi une si longue attente avant cette mise à la retraite ? Etait-ce un cas de force majeure ?

- La délégation syndicale n'était pas habilitée à négocier en lieu et place des agents. En outre, toute convention collective stipule clairement qu'on ne peut revoir à la baisse les droits acquis, notamment le grade et la rémunération, de même que ses prescrits sont reconnus par les parties comme faisant force de loi entre elles.

- Comment féliciter un retraité, qui l'est devenu sur la base des négociations sociales dont les termes ne sont pas connus de lui et qui apprend par la suite que les émoluments relatifs à sa retraite ont été bradés et dévalués ?

En définitive, je suis en droit de m'insurger contre une compagnie qui ne dispose pas de moyens financiers et qui me met à la retraite sans moyens conséquents (aucune prime ni privilèges exceptionnels), alors que je suis reconnu avoir rendu de loyaux services.

Négocier n'équivaut pas à brader la loi. Donc, on doit s'en tenir aux prescrits légaux et conventionnels en la matière. Pour non-respect des délais dans les paiements, je puis concéder un sursis, au motif que la compagnie est en difficulté. De ce fait, je m'abstiens à demander, pour le moment, les intérêts moratoires liés aux retards excessifs de paiement dû.

La République démocratique du Congo reconnaît dans ses usages un intérêt moratoire de 7 % l'an. Aussi, au cas où, d'aventure, la compagnie persiste à refuser de régler ce dû, je suis en droit de réclamer lesdits intérêts depuis qu'ils auraient dû être payés.

Enfin, après dix-huit années d'absence, mon souhait ardent est de regagner mon pays, la RDC, afin d’aider à la réhabilitation de son secteur aérien. Car, en ma qualité de consultant aéronautique et d’expert Enquêtes et Accidents, je crois humblement détenir quelque compétence pour jouer un rôle positif en vue de la remise en ordre du secteur de ma spécialité, dans la perspective de l'assainissement de l'espace aérien de la RDC.

TABLE DES MATIÈRES

Le Congo-Brazzaville

aux éditions L'Harmattan

Dernières parutions

IDENTITÉ ETHNIQUE ET CONFLITS CIVILS AU CONGO-BRAZZAVILLE
Massamba-Makoumbou Jean-Serge
Cette étude prend le parti de considérer l'appartenance ethnique comme un facteur parmi d'autres dans le développement des guerres civiles africaines. Il s'agit de considérer la forte capacité de mobilisation qu'elle recèle. À ce titre, il n'existe pas de conflit ethnique par essence, mais par vocation ou par instrumentalisation. Dans ce cadre, le Congo-Brazzaville apparaît comme un cas d'école, avec une manipulation de l'appartenance ethnique au service de la conquête du pouvoir politique et de la confiscation de l'autorité.
(Coll. Etudes africaines, 30.50 euros, 308 p.)
ISBN : 978-2-343-01013-7, ISBN EBOOK : 978-2-296-53937-2

CONVENTION (LA) DES NATIONS UNIES SUR LE CONTRAT DE TRANSPORT INTERNATIONAL DES MARCHANDISES EFFECTUÉ ENTIÈREMENT OU PARTIELLEMENT PAR MER DITE «RÈGLES DE ROTTERDAM»
Dibas-Franck Eric, Diallo Ibrahima Khalil, Banuanina Dia Ngoma Jean-Jacques
La question qui se pose au sujet de ce contrat adopté en décembre 2008 par l'Assemblée générale des Nations unies est de savoir si cette nouvelle convention va atteindre son objectif, à savoir remplacer, se substituer aux «Règles de La Haye», aux «Règles de La Haye-Visby» et aux «Règles de Hambourg». Cette convention entrera-t-elle en vigueur un jour ? Quelle est sa genèse ? Quelles sont ses forces et ses faiblesses ? Existe-t-il des questions controversées ?
(Coll. Harmattan Congo, 22.00 euros, 224 p.)
ISBN : 978-2-343-01119-6, ISBN EBOOK : 978-2-296-53875-7

RÉGLEMENTATION ET PERFORMANCE
L'enseignement supérieur privé au Congo
Koulakoumouna Etienne - Préface de Claude Albagli (Président Institut CEDIMES)
Cet ouvrage examine le rapport entre la réglementation et la performance, et montre que la qualité est la principale dimension de la performance dans toute organisation. Dans l'enseignement supérieur privé, elle passe principalement par une exigence accrue de l'amélioration de la qualité des infrastructures, des prestations du personnel enseignant ayant le profil requis, du programme d'enseignement et du management.
(CEDIMES, Coll. Mouvements Économiques et Sociaux, 19.00 euros, 184 p.)
ISBN : 978-2-296-99767-7, ISBN EBOOK : 978-2-296-53726-2

BRAZZAVILLE, CAPITALE DE LA FRANCE LIBRE
Histoire de la résistance française en Afrique (1940-1944)
Ollandet Jérôme
Comme le déclarait en 1943 le médecin-général Adolphe Sicé, «deux grands hommes auront marqué cette ville : de Brazza, auquel elle doit son nom ; de Gaulle, auquel elle doit son destin...» Ce destin d'un homme et d'une ville ne put s'accomplir conjointement qu'avec l'acceptation par l'AEF d'accompagner, dès le début des hostilités en Europe, la dissidence de la France combattante, celle de la France libre, capitale Brazzaville.
(Coll. Harmattan Congo, 27.00 euros, 278 p.)
ISBN : 978-2-343-00721-2, ISBN EBOOK : 978-2-296-53522-0

IMPÔT COLONIAL ET RÉSISTANCE DES POPULATIONS DU CONGO
Les cas des pays téké, mbosi et des peuples de l'interfluve Sangha-Oubangui (1879-1930)
Engambé André
La naissance de l'impôt colonial a largement contribué à créer une paupérisation, suscitant entre administration et administrés de fortes tensions. Dans ce livre, l'auteur décrit et analyse les faits, propose une somme importante d'informations aussi variées que détaillées sur les résistances des populations téké, mbosi et de l'interfluve Sangha-Oubangui jusqu'en 1930 ; dans le même temps, il tire les conséquences qui en découlent.
(Coll. Etudes africaines, 17.50 euros, 176 p.)
ISBN : 978-2-343-00731-1, ISBN EBOOK : 978-2-296-53613-5

DENIS SASSOU NGUESSO
Stratégie politique et repères essentiels
Bitala-Bitemo Joseph
Denis Sassou Nguesso est un stratège politique dont l'action et le pari pour le futur lient inextricablement son propre destin à celui de la République du Congo, depuis plus d'un quart de siècle. Pour mieux comprendre ce lien au travers de quelques repères essentiels, l'auteur s'est servi des discours et messages de l'homme politique comme matériaux d'analyse pour dégager le sens de ses actions, en essayant de les placer dans leur contexte, en fonction des enjeux nationaux et internationaux.
(Coll. Points de vue, 18.50 euros, 146 p.)
ISBN : 978-2-336-00941-4, ISBN EBOOK : 978-2-296-53441-4

DENIS SASSOU N'GUESSO
Les grands discours du premier septennat 2002-2009
Lemboumba Sassou N'Guesso Claudia - Préface de Firmin Ayessa
Ce livre est une compilation de 37 discours prononcés par le président de la République, Denis Sassou N'Guesso, durant son premier septennat à la tête du Congo, entre 2002 et 2009. Il s'agit de ceux dédiés aux rendez-vous les plus importants, les plus symboliques et les plus marquants de cette période charnière, comprise entre la fin de la transition post-conflit de 1997-2002 et la relance du processus démocratique au Congo.
(26.00 euros, 256 p.)
ISBN : 978-2-343-00142-5, ISBN EBOOK : 978-2-296-53308-0

DÉMOCRATIE ET ÉLECTIONS EN AFRIQUE

Les défis

Ewangui Céphas Germain - Préface de Pascal Gayama

L'auteur souligne les causes majeures de la mal-gouvernance de la plupart des États africains et propose, comme remède, la construction des sociétés démocratiques, ce qui conduit à faire face à toute une série de défis à relever : la promotion des partis politiques performants, la consolidation de l'État de droit, la garantie de la liberté de la presse et des libertés fondamentales, des institutions républicaines solides, le respect des règles du jeu démocratique.

(Coll. Harmattan Congo, 14.00 euros, 140 p.)

ISBN : 978-2-343-00050-3, ISBN EBOOK : 978-2-296-53449-0

VALEURS KONGO

Spécificité et universalité

Sous la direction de Marie-Jeanne Kouloumbou et David Mavouangui

Voici une série de réflexions sur la «spécificité et l'universalité» des valeurs kongo. Les Kongo, comme tous les peuples du monde, ont su cultiver et développer, tout au long de leur histoire, un ensemble de valeurs qui ont marqué et marquent encore leur vie en dépit des nombreuses vicissitudes rencontrées. Grâce à des valeurs d'humanisme et d'ouverture, les Kongo ont réussi à tisser des liens indéfectibles et fraternels avec d'autres peuples.

(38.00 euros, 386 p.)

ISBN : 978-2-336-00610-9, ISBN EBOOK : 978-2-296-53297-7

VIH/SIDA, SOCIÉTÉ ET DÉVELOPPEMENT AU CONGO-BRAZZAVILLE

Sous la direction de Paul Nzete

Pour combattre efficacement le VIH/SIDA, il convient d'accorder une attention particulière aux mentalités, aux traditions, aux croyances, au système de valeurs et de susciter des changements de mentalités et d'adoption de comportements sans risque. Le présent ouvrage rend compte des réflexions que des chercheurs en sciences de l'homme et de la société ont menées en vue d'un éclairage pluridisciplinaire sur cette pandémie.

(39.00 euros, 398 p.)

ISBN : 978-2-296-96077-0, ISBN EBOOK : 978-2-296-53165-9

REGARDS SUR LA LANGUE FRANÇAISE AU CONGO

Actes du colloque international de Brazzaville du 18 au 19 mars 2011

Sous la direction de Mbanga Anatole

La République du Congo fait partie des pays francophones. La langue française, langue officielle porteuse de culture et de civilisation, est considérée par les Congolais comme un outil permettant à chacun d'exprimer et d'affirmer son identité. Les locuteurs, scripteurs et écrivains créent des styles s'écartant plus ou moins des canons esthétiques hexagonaux. Ce qui peut être considéré ailleurs comme déviance ou transgression est vu ici comme particularisme et forme d'appropriation de la langue.

(Coll. Études africaines, 28.50 euros, 276 p.)

ISBN : 978-2-336-29167-3, ISBN EBOOK : 978-2-296-53061-4

PROVERBES DE LA SAGESSE YAKA
Matsaba
Ikounga Martial De-Paul
Ce livre est un recueil de 758 «matsaba» ou proverbes et sentences yaka (langue utilisée à Sibiti au Congo-Brazzaville) traduits en français et annotés. Ces proverbes sont l'expression d'une sagesse à laquelle on peut se référer dans différents domaines de la vie, le comportement, la famille, etc.
(Coll. Harmattan Congo, 15.50 euros, 156 p.)
ISBN : 978-2-336-00364-1, ISBN EBOOK : 978-2-296-51601-4

AU SERVICE DU CONGO (2 tomes)
Entretien avec Cyriaque Magloire Mongo Dzon
Ngouélondélé Mongo Emmanuel
Le général Emmanuel Ngouélondélé Mongo, dans un entretien à bâtons rompus, sans tabou ni faux fuyant, évoque ses péripéties de jeunesse jusqu'à son expérience d'homme d'État puis d'homme politique. Témoigner pour le passé et prendre position pour le redressement du Congo-Brazzaville qui connaît de continuelles dérives. Ouvrage d'une vie, d'une époque, d'un long parcours de services rendus à la nation, il ouvre aussi des perspectives.
(Coll. IREA (Institut de recherche et d'études africaines), Tome 1, 38.50 euros, 394 p.) ISBN : 978-2-296-99343-3, ISBN EBOOK : 978-2-296-51326-6
(Coll. IREA (Institut de recherche et d'études africaines), Tome 2,28.00 euros, 274 p.)ISBN : 978-2-296-99344-0, ISBN EBOOK : 978-2-296-51327-3

50 ANS DE POLITIQUE EXTÉRIEURE DU CONGO-BRAZZAVILLE
Diplomatie et démocratie
Nkouka-Tsulubi Alphonse
En revisitant l'histoire diplomatique contemporaine de son pays, l'auteur a voulu ouvrir le débat sur une question cruciale : la politique extérieure d'un petit pays, avec des ressources naturelles évidentes, mais qui ne pèse pas sur la scène internationale, peut-elle vraiment exister ? Diplomatie peut-il rimer avec démocratie ou les politiques extérieures des petits pays ne sont-elles rien d'autre que des officines-relais des grands intérêts qui guident le monde d'aujourd'hui ?
(Coll. Études africaines, 24.00 euros, 242 p.)
ISBN : 978-2-336-00627-7, ISBN EBOOK : 978-2-296-51243-6

MOUVEMENT (LE) PROPHÉTIQUE
Réveil spirituel ou manifestations démoniaques ?
Kali-Tchikati Edouard
Plusieurs communautés chrétiennes au Congo sont dirigées par des prophètes qui annoncent parfois des messages assez troublants. De même, on trouve des communautés qui font et défont les mariages à coup de prophéties. Le mouvement prophétique dans l'Assemblée évangélique commence timidement mais prend rapidement de l'ampleur. Cet ouvrage s'attache à comprendre s'il s'agit d'un réel réveil spirituel ou de simples manifestations démoniaques.
(Coll. Harmattan Congo, 20.00 euros, 208 p.)
ISBN : 978-2-336-00850-9, ISBN EBOOK : 978-2-296-51492-8

L'HARMATTAN ITALIA
Via Degli Artisti 15; 10124 Torino

L'HARMATTAN HONGRIE
Könyvesbolt ; Kossuth L. u. 14-16
1053 Budapest

L'HARMATTAN KINSHASA
185, avenue Nyangwe
Commune de Lingwala
Kinshasa, R.D. Congo
(00243) 998697603 ou (00243) 999229662

L'HARMATTAN CONGO
67, av. E. P. Lumumba
Bât. – Congo Pharmacie (Bib. Nat.)
BP2874 Brazzaville
harmattan.congo@yahoo.fr

L'HARMATTAN GUINÉE
Almamya Rue KA 028, en face du restaurant Le Cèdre
OKB agency BP 3470 Conakry
(00224) 60 20 85 08
harmattanguinee@yahoo.fr

L'HARMATTAN CAMEROUN
BP 11486
Face à la SNI, immeuble Don Bosco
Yaoundé
(00237) 99 76 61 66
harmattancam@yahoo.fr

L'HARMATTAN CÔTE D'IVOIRE
Résidence Karl / cité des arts
Abidjan-Cocody 03 BP 1588 Abidjan 03
(00225) 05 77 87 31
etien_nda@yahoo.fr

L'HARMATTAN MAURITANIE
Espace El Kettab du livre francophone
N° 472 avenue du Palais des Congrès
BP 316 Nouakchott
(00222) 63 25 980

L'HARMATTAN SÉNÉGAL
10 VDN en face Mermoz, après le pont de Fann
BP 45034 Dakar Fann
33 825 98 58 / 33 860 9858
senharmattan@gmail.com / senlibraire@gmail.com
www.harmattansenegal.com

L'HARMATTAN BÉNIN
ISOR-BENIN
01 BP 359 COTONOU-RP
Quartier Gbèdjromèdé,
Rue Agbélenco, Lot 1247 I
Tél : 00 229 21 32 53 79
christian_dablaka123@yahoo.fr

656825 - Mai 2016
Achevé d'imprimer par